なるにはBOOKS

大学
学部調べ

社会福祉学部

元木裕 著

ぺりかん社

はじめに

みなさんはボランティアをした経験があるでしょうか。一度も経験したことのない人が多いだろうと思います。でも、この『なるにはＢＯＯＫＳ　大学学部調べ　社会福祉《ふくし》学部』を手に取った人なら、きっとボランティアに強い関心をもっているでしょうね。

人は「誰《だれ》かの役に立ちたい」と思い、行動する動物です。これを「利他的行動」（利己的の逆です）と呼んだりしますが、どうして人間がそのような行動に出るのかは諸説紛々《ふんぷん》としていてはっきりとしたことはわかっていません。

ただ、私たちの心のどこかに「人のために何かをしたい」という欲求があることだけは確かですし、この欲求のおかげで社会が成り立っているのもまた事実なのです。

さて、社会福祉学部で学ぶ「福祉」という学問は、まさにこの「誰《だれ》かの役に立ちたい」「人のために何かをしたい」という気持ちと密接につながっています。

福祉という言葉は、本来、「福」も「祉」も「しあわせ」を意味します。ですから、福祉というのも「幸福」を指します。そこから、社会に暮《く》らす誰《だれ》もが幸福になれるよう支援《しえん》し、保護することを福祉と呼ぶようになりました。

幸福になるため、おたがいに助け合うことが福祉の基本理念です。そして、そのためにどのようなことをすればいいのかを考えるのが社会福祉学の役割です。ボランティアそのものは人の役に立つ活動で、目の前の困っている人を助けていきます。そのボランティア精神について深く考えたり、仕組みをつくったりするのが社会福祉学であり、その学問的な積み重ねによって、より多くの人たちを幸福にできるのです。

本書は、社会福祉学部がどのような学部であるかについてまとめたものです。「何について学べるのか？」「大変だと言われる学外実習とは？」「資格はどんなものがあるのか？」「卒業後の就職先は？」、また「学生生活を送る上で気をつけるべきことは？」、そうしたことにもふれています。

現在、福祉関係の学部や学科が増え続けていることからも、現代社会がどれだけ福祉を必要としているかがわかります。ただ、中学や高校で学んでいるみなさんには、流行に流されることなく、福祉を学ぶことの意味を踏《ふ》まえて大学や学部選びをしてほしいと思います。その上で社会福祉学部を選んだとしたら、必ず満足できる学生生活を送れるはずです。

著者

社会福祉学部　目次

3章　社会福祉学部のキャンパスライフを教えてください

4章

資格取得や卒業後の就職先はどのようになっていますか？

5章

社会福祉学部をめざすなら何をしたらいいですか？

＊本書に登場する方々の所属・情報などは、取材時のものです。

1章

社会福祉学部は
どういう学部ですか？

Q1

社会福祉学部は何を学ぶところですか？

自分なりの生活を取り戻《もど》すお手伝いをすることが福祉《ふくし》

「社会福祉」という言葉から、みんなは何をイメージするだろうか。寝《ね》たきりのお年寄りが食事を取るのを手助けしたり、障がい者の乗る車椅子《くるまいす》を押《お》したりする姿を思い浮《う》かべるのではないだろうか。

そのイメージは間違《まちが》っていない。身体や精神が不自由な人たちを助けて、日常生活がスムーズに行えるようにすることは社会福祉の大切な役割だから。

でも、それだけを社会福祉だと思っていたら、とても大きなものを見落としてしまいかねないよ。たとえば、病気やケガのために仕事に就けない人が生活保護を受けることも、両親を亡くした子どもが施設《しせつ》などで楽しく暮《く》らせるように手助けすることも、みんな社会福祉の役割になる。つまり、人がいろいろな理由から自分なりの生活が営めなくなった時、なんとか以前の生活を取り戻《もど》せるように支援《しえん》することが社会福祉だと言えるんだ。

困っている人によって支援《しえん》の仕方も違《ちが》ってくる

もう少し違《ちが》う見方をすれば、こう言ってもいいだろう。

国民一人ひとりは、まず自分の生活を、自分の力と責任で営まなくてはならない。これが基本だ。しかし、いくら努力しても自分の力だけで、そうした生活を維持《いじ》できない人たちもいる。たとえば障がいのある人がそうだ。ほかにも、幼い赤ちゃんや子どもだってそうだし、階段を上るのがつらくなっているお年寄りだって、自分の力だけでは大変だろう。まわりを見渡《みわた》すと、そういうことで困っている人たちは結構いるのではないかな?

何も肉体的な事がらばかりではないよ。海外から日本に勉強に来ている外国人は言葉が通じないため暮《く》らしにくい思いをしているだろうし、仕事が忙《いそが》しすぎて「うつ」っぽくなって会社を休んでいるサラリーマンも、ふだんの生活ではつらさを感じているはずだ。

こうした人たちを支援《しえん》していくことが社会福祉のベースにある考え方だと言える。

いろいろな事がらで困っている人がいるのだから、支援《しえん》の方法もさまざまになってくるよ。収入のない人に生活保護のように最低生活費を給付するやり方もあれば、認知症《しょう》のお年寄りの介護《かいご》度を定めて(介護《かいご》認定という)その度合いによってデイサービスや訪問介《かい》護《ご》サービスを提供するやり方もある。あるいは、虐待《ぎゃくたい》されている子どもを親から引き離《はな》して一時避難《ひなん》として施設《しせつ》で生活させることもまた福祉の仕事だ。社会福祉というものが、とても広範囲《こうはんい》にわたることをわかってもらえただろうか。

現場を体験してわかることも多い

大学で社会福祉を学ぶことは、こうした広範《こうはん》な領域を自分の頭と足でたどっていくことなんだ。その中心には社会福祉の基本的な理念、自立した生活を営めない人を支援《しえん》していくということがある。

ただ、時代によって、人が抱《かか》える困難さは変わってくるだろう。昔《むかし》と今では経済状態は変化しているし、たとえば「貧困家庭」というものも違《ちが》ってきている。生活に困っている原因も変化してい

主な学部の系統別分類

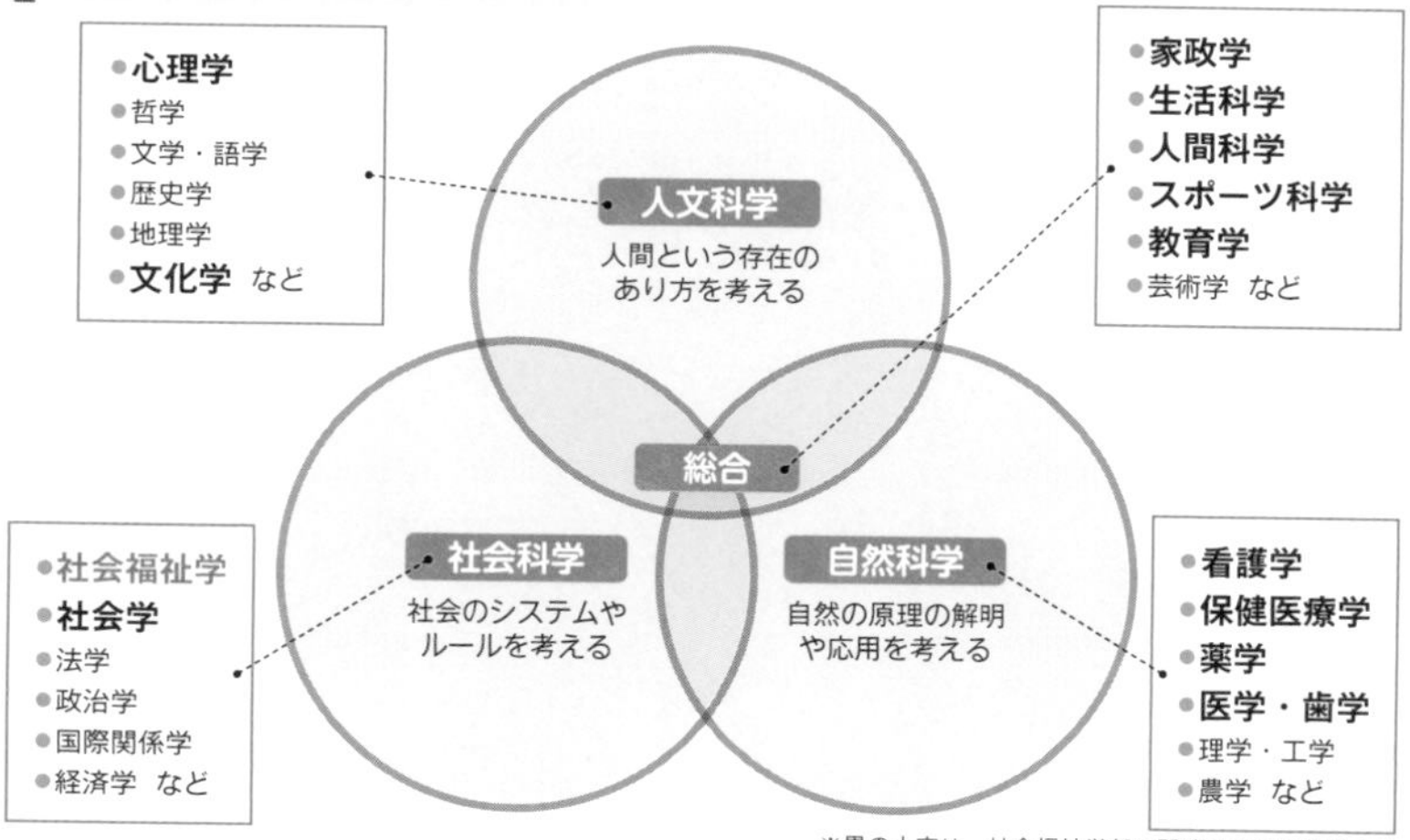

人文科学
人間という存在のあり方を考える
社会科学
社会のシステムやルールを考える
自然科学
自然の原理の解明や応用を考える
総合
心理学
哲学
文学・語学
歴史学
地理学
文化学 など
家政学
生活科学
人間科学
スポーツ科学
教育学
芸術学 など
社会福祉学
社会学
法学
政治学
国際関係学
経済学 など
看護学
保健医療学
薬学
医学・歯学
理学・工学
農学 など

※黒の太字は、社会福祉学部に関連のある学部だよ!

るだろう。子どもたちが直面している問題で言えば、児童虐待《ぎゃくたい》や育児放棄《ほうき》などは増えているのに、そばにいても気付かない形で進行していることもある。

今の時代、どのような人たちが自立生活を困難にさせられているのか、彼《かれ》らの問題を解決するには何が必要か、どのような支援《しえん》なら彼《かれ》らの自立をサポートできるのか。そうしたことを多角的に分析《ぶんせき》し、支援《しえん》の方針などを考えていくことが社会福祉という学問なんだ。

もうひとつ、社会福祉を学ぶ上で必要なことに「実践《じっせん》」がある。カリキュラムには「実習」や「演習」という科目が多く組み込《こ》まれているだろう。頭の中で想像していても、人の困っている状態などわかるはずもない。障がい者施設《しせつ》や高齢者施設《こうれいしゃしせつ》、病院の地域連携《れんけい》室や役所の福祉課など、実際の現場を肌《はだ》で感じなくては、とても社会福祉について考えることはできないんだ。それでいろいろな形の実習を授業に取り入れているんだよ。

社会福祉学部で学ぶ人には、国家資格である社会福祉士や精神保健福祉士、介護《かいご》福祉士の資格取得をめざしている人も多いが、これらの資格取得には実習が必要なので、必然的に実習を経験することになるんだ。

誰《だれ》もが自分らしい生活を送れるよう手助けする方法を学ぶ

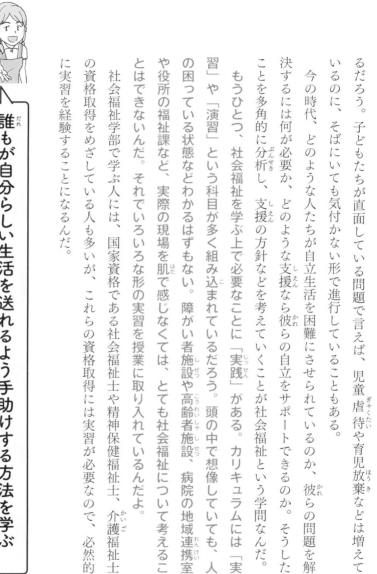

Q2 どんな人が集まってくる学部ですか？

人のお世話が好きな性格

学校でも家庭でも、困っている人を見たら黙《だま》っていられないタイプの人がいるだろう。人によっては「おせっかい」と受け取られかねないが、そのように思われても手を貸さずにはいられないという人だ。こういう人は、社会福祉を学ぶのに適していると言える。

福祉における支援《しえん》というのは、何も困っている人が助けを求めてやって来るとは限らない（そういうこともあるけれど）。どこに助けを求めたらいいのかわからない人もいれば、乳幼児のように助けを求める声をあげられない場合もある。そうなると、こちらから困っている人を探し、足を運び、相談に乗り、支援《しえん》するケースもたくさん出てくるんだ。

困っている人の力になって感謝されることはうれしいが、それよりも人のために活動すること自体に喜びを感じる人だっているだろう。そういう人たちは、もし感謝されたら、それは「おまけ」みたいに思うのではないだろうか。

学生のなかには、社会福祉学部に入ってからボランティアに目覚めたという人も多くいるが、高校までの間にボランティア経験をしている人も少なくない。そういう人はまさにお世話をするのが好きだったんだ。

個人プレーよりもチームプレーが好きな人も

いろいろな施設《しせつ》で困っている人の相談に乗るのがソーシャルワーカーという仕事だが、常に相談者と一対一で向き合い、話を聞くことになる。介護《かいご》の現場で、お年寄りの身体介《かい》護《ご》にたずさわるケースも、やはり一対一でお世話をすることが多い。

このように福祉の仕事というと個人プレーのように考えがちだが、そんなことはないんだ。福祉の仕事こそチームプレーが重要であり、何人ものスタッフがかかわることで支援《しえん》が可能となる。たとえば、高齢者施設《こうれいしゃしせつ》で車椅子《くるまいす》生活をしているお年寄りには、ベッドから起きたりトイレに行く際の介助《かいじょ》者が何人かつくだろう。食事は管理栄養士が栄養面を考えて献立《こんだて》をつくり、リハビリテーションは理学療法《りょうほう》士や作業療法《りょうほう》士が行い、疾患《しっかん》がある場合には訪問医師や看護師が定期的に訪れて診察《しんさつ》をする。ソーシャルワーカーは、そのお年寄りがよりよい暮《く》らしを送れるよう、常にそういった関係者と連携《れんけい》していくことになる。

福祉にまつわるあらゆる職種の人たちとつながり、連絡《れんらく》を取り合うことで、支援《しえん》は成り立っているんだ。大学の授業でディスカッションによって学ぶべきテーマを深めようとするのも、きちんと意見交換《こうかん》ができる人材が求められているからだ。

相手の言わんとしていることをくみ取れる、文章読解の得意な人が多い

社会福祉を学んでいく際、高校までの勉強で絶対に必要となる科目は特にない。どの科目も「できないよりは、できたほうがいい」という程度だ。

ただ、福祉の現場に国語力のある人が多いのは確かだ。特に文章読解能力のある人が多いかもしれない。社会福祉士も介護《かいご》福祉士も、あるいは精神保健福祉士にしても、相談者から直接話を聞くことが大切な仕事である。日常的に困っていることや悩《なや》みごとを訴《うった》えかけられる。そういう人たちは、いつも理路整然と話してくれるわけではない。というよりも、ほとんど脈絡《みゃくらく》のない訴《うった》えかけになることもある。話してくれる内容から必要な断片を切り取り、足りない部分は何度も相手に確認して、そこから困りごとの内容を把握《はあく》していく必要がある。

これは、頭の中で相手の話を分析《ぶんせき》して、もう一度編集していく作業だとも言える。困っていること（テーマ）をいち早く把握《はあく》して、その概要《がいよう》（粗筋《あらすじ》）をつかみ、そしてわかりやすく並《なら》べていく。これは国語で、ある文章を読んで要約をしたり、あるいはばらばらにさ

れた段落を起承転結に並《なら》べ替《か》える作業に近い。人の話を聞くのが好きな人は、知らず知らずのうちに、文章の読解問題を解くようなことをしているんだ。

人との交流が好きな人たちが集まる

社会福祉という分野は、必ず人間と人間とが顔を合わせて、さまざまな支援《しえん》策を探っては実行していく仕事が多い。今後、多くの現場でリモートでの相談なども取り入れられるだろうけれど、それでも直接会って、話をするという作業はなくならないだろう。困っている人とパソコンやスマートフォンを通して会話したとしても、悩《なや》みを抱《かか》えている人は現実の暮《く》らしを送っているわけだから、その現場を見ないままでは解決策は考えられない。**だから、人と会って、会話をすることが好きな人は、福祉の仕事に向いているんだ。**

相手と話をしながら、解決策を探る作業は、実はとても時間がかかることだ。でも、それを怠《おこた》っては、本当に相手が必要としている支援《しえん》はできない。こうしたやりとりそのものを楽しめる人ならば、社会福祉学部は向いていると思うよ。

Q3 学んだことを社会でどう活かせますか？

取得した資格は仕事に役立つ

社会福祉学部でもっとも取得する人が多い資格は、やはり社会福祉士だろう。この資格を取ることで、学んだことを活かせる場が広がっていくはずだ。社会福祉士の資格が活かせる仕事としてはソーシャルワーカーがある。ソーシャルワーカーは、福祉や医療《いりょう》、教育の分野で、いわば相談窓口として役割を果たす仕事を担っている。困っている人の相談を受け、どういう支援《しえん》が必要かを考えていき、関係各所と連携《れんけい》しながら支援《しえん》策を進めていく。

具体的には社会福祉施設《しせつ》の相談員といったスタッフ、医療《いりょう》機関では医療《いりょう》ソーシャルワーカー、デイサービスや老人ホームを営む社会福祉関連の企業《きぎょう》、社会福祉協議会や福祉関連の事業団などの職員としての仕事もある。なお、教育の現場でソーシャルワークを行うスクールソーシャルワーカー（ＳＳＷ）という仕事もあるよ。

福祉施設《しせつ》や病院だと高齢《こうれい》者、障がい者、患者《かんじゃ》のために、どうしたら自立した生活が可能

になるかをともに考えて、環境《かんきょう》づくりを行っていく。福祉関係の団体だと、貧困や児童虐待《ぎゃくたい》などに対処していくことになるだろう。

高齢《こうれい》者や障がい者の介護《かいご》の現場でも活躍《かつやく》

社会福祉学部では介護《かいご》福祉士の資格を取得する学生も少なくない。彼《かれ》らは、介護《かいご》の必要な高齢《こうれい》者や障がい者の施設《しせつ》で介護《かいご》士として働くことが多い。こうした職場では、資格がないスタッフも多く働いているが、実践《じっせん》だけでなく理論も学んできた者がリーダー的役割を担うことになる。特に24時間体制の高齢《こうれい》者、障がい者施設《しせつ》では、夜間は少人数のスタッフが勤務することになり、突発的《とっぱつてき》な事故が起きる場合にはそのスタッフだけで対応することもある。そうしたケースでは、どのような場面にもきちんと対応できるように教育された指導者が必要なんだ。社会福祉学部で学んだ知識や技術はそうした現場で生きてくる。

介護《かいご》に関する知識や技術は、介護《かいご》の現場だけで活かされるわけではない。福祉用具をつくったり、福祉用具を提供したりする会社の仕事にも必要とされるんだ。高齢《こうれい》者などが福祉用具を使おうとした場合、たいていは用具を購入《こうにゅう》するのではなくレンタルしてもらうことになる。福祉用具を提供する会社は、利用者に使用法などをきちんと説明し、メンテナンスも行わなくてはならない。その時に介護《かいご》の知識や技術が生きてくる。

一般企業《いっぱんきぎょう》でも役立つスキル

仕事とは結びつかなくても、社会福祉学部での学びはいろいろなところで活かされてくるよ。社会福祉の基本は、自立した生活を送れない人たちを支援《しえん》すること。では、支援《しえん》を必要とする人たちは、いったいどのような暮《く》らしをしているのか。大学の授業では、そうした事例をたくさん見たり、聞いたりするだろう。まったく見えていなかった世界を垣間《かいま》見ることになる。そして、彼《かれ》らの暮《く》らしにふれた後には、そのような暮《く》らしの中ではどのようなことに困ったり悩《なや》んだりして、何を必要としているのかを想像していく。

それは、相手の気持ちを慮《おもんぱか》ることでもある。自分が相手の立場になった時に、どう感じるか。何を考えるか。どう行動するか。いっぱい想像してみることで、相手とのコミュニケーションが図れるようになるんだ。

最近では「コミュニケーション力」などとも言われるが、会社だろうと家庭だろうと友人関係だろうと必要とされる能力である。福祉を学ぶとは、そのように相手の気持ちに近づき、寄り添《そ》おうとする訓練にもなるんだ。

ふだんから社会問題にも目を向けるようになる

ほとんどの学生が経験する福祉施設《しせつ》での実習。そこでは、とにかくいろいろな人たちと出会うことになる。高齢《こうれい》者や障がい者はもちろん、両親と離《はな》れて暮《く》らす子どもやリストラなどに遭《あ》い生活が苦しくなって相談に来る人もいるだろう。そうした個人個人を対象とした介護《かいご》や介助《かいじょ》、支援《しえん》はもちろん大切なことだ。それによって、目の前の困っている人が暮《く》らしやすくなるのだから。

一方で、生活する上での悩《なや》みを抱《かか》えている人たちは、私たちが「あたりまえ」と感じている社会のシステムから置き去りにされてしまっている人たちでもあるんだ。だから、このようにも考えられる。一人ひとりに救いの手を伸《の》ばすことも必要だが、社会の側も変えていかなくてはならない、と。町中のバリアフリーなどは個人の力ではどうにもならないし、不況《ふきょう》になって失業者が増えてくることも、誰《だれ》かが気をつけたからといって急に変わるわけでもない。そうなると、社会全体として「何を変えていくか」という視点も必要になってくるんだ。社会福祉を学ぶと、社会に対していろいろな見方もできるようになり、政治の動きなどにも敏感《びんかん》になっていくだろう。

困っている人を支援《しえん》することで、多くの人が幸せになれるよ

2章

社会福祉学部では
どんなことを学びますか？

Q4 社会福祉学部には主にどんな学科がありますか？

名称《めいしょう》に「福祉《ふくし》」とついていない学部も

まず、学部名として社会福祉学部以外の名称《めいしょう》の大学もかなりあるので注意しよう。多くの大学で社会福祉を学べるようになったのは、それほど古いことではない。先に、老人ホームや障がい者施設《しせつ》など福祉に関する現場があって、専門学校で「技術」を学ぶケースも多かった。学問として大学などで福祉を学び、研究されるようになったのは、高齢《こうれい》社会や社会の多様性などがクローズアップされてきてからのことだ。なので、かなり新しい学問分野だと言えるんだ。そのため、学部名には大学なりの考え方や工夫が表れている。

単純に、そのまま福祉学部としている大学もあれば、総合福祉学部として分野ごとにいろいろな学科を設置しているところもある。現代福祉学部、人間福祉学部、健康福祉学部、医療《いりょう》福祉学部などとしている大学も多い。一方で、社会学部に福祉コースを設けているところもあるので、必ずしも福祉とつかない学部名があることも知っておこう。まずは、その大学で福祉を専門に学べる学部があるかどうかをチェック。福祉を中心に据《す》えている学部なら、社会福祉士などの資格取得が可能かどうかも調べておこう。

福祉の中身によって学科も変わっていく

学科は大きく分けると、オーソドックスな社会福祉学科や福祉学科が福祉全般《ぜんぱん》について学び、健康福祉学科や医療《いりょう》福祉学科は医療《いりょう》分野での福祉を、教育福祉学科や児童福祉学科は子どもを対象とした福祉を学ぶことになるよ。ただ、いずれの学科でも履修《りしゅう》する科目は重なっているし、社会福祉士や精神保健福祉士などの国家資格の取得は可能なことが多い。

一番多いのは社会福祉学科で、社会福祉士の資格取得を中心にソーシャルワーカーの育成を行う。社会福祉の現状や行政について学んだり、高齢《こうれい》者や障がい者、児童、医療《いりょう》など、対象も幅広《はばひろ》い。ソーシャルワーカーはいろいろなフィールドで活躍《かつやく》するので、どんな人たちからの相談にも対応でき、支援《しえん》について考えられる力を身につける必要があるからだ。

そのため、実践《じっせん》に近い授業も多く、実習や演習も必修科目として1年生からカリキュラムに組み込《こ》まれている。大学によっては社会福祉士だけでなく精神保健福祉士の育成も行っているが、両方の資格取得が可能かどうかは大学によって異なるので注意が必要だ。

医療《いりょう》や子どもの福祉に特化する

健康福祉学科、医療《いりょう》福祉学科は医療《いりょう》分野でのソーシャルワーカー育成をメーンにしているが、福祉の現場で働くソーシャルワーカーになる人も少なくない。また、介護《かいご》分野での専門知識や専門技術の修得を行うこともあり、その場合には介護《かいご》福祉士の資格取得が可能だ。医療《いりょう》ソーシャルワーカーだけでなく、医療《いりょう》分野でのマネジメントも学べるような医療《いりょう》福祉経営学科、医療《いりょう》マネジメント学科、健康福祉マネジメント学科などもある。

児童福祉を中心に学ぶのは教育福祉学科、児童福祉学科。または子ども学科、子ども家庭福祉学科、こども教育福祉学

社会福祉学部にある主な学科

福祉全般について学ぶ

- 社会福祉学科
- 福祉学科
- 総合福祉学科
- 現代福祉学科
- 現代社会学科
- 人間福祉学科

保健と医療分野の福祉について学ぶ

- 医療福祉学科
- 健康福祉学科
- スポーツ健康福祉学科
- 保健福祉学科
- 臨床福祉学科
- 健康福祉マネジメント学科

児童教育における福祉について学ぶ

- 教育福祉学科
- 児童福祉学科
- 子ども学科
- 子ども家庭福祉学科
- 心理子ども学科
- 子ども教育福祉学科

心のケアによる福祉を学ぶ

- 心理福祉学科
- 福祉心理学科
- 臨床心理学科

科など「子ども」「こども」とつく場合もある。児童福祉の基本理念を学び、保育士や幼《よう》稚園《ちえん》教諭一種、それに社会福祉士、精神保健福祉士の資格取得も可能な学科もある。ただ、実習がともなうので、複数の資格を取りたいなら日程的に可能かどうか調べよう。

福祉とつかなくても福祉について学べることも

最近では、大学の独自性を打ち出すため、学科名に福祉とつけてはいないが福祉を学べたり、社会福祉士の資格取得ができたりすることもある。また、学科内のコースで福祉を学べるようにもしている。社会学科、人間文化学科、人間コミュニケーション学科、生活支援《しえん》学科、ライフデザイン学科などの名称《めいしょう》を用いたりしているので注意が必要。

また、福祉をより広い視野から学べる公共政策学科、現代社会学科、共生社会学科、コミュニティ政策学科といった学科名もある。あるいは、心のケアに重点を置き、心理学と統合して福祉を学べる学科もあり、福祉心理学科、心理福祉学科、心理子ども学科としているので、心理学に関心のある人はよく調べておこう。

子どもの支援《しえん》も福祉の役割

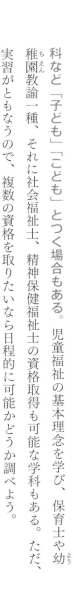

Q5 社会福祉学科では何を学びますか？

福祉を広い範囲《はんい》で学んでいく

福祉に関して全般的《ぜんぱんてき》に学べるのが社会福祉学科だ。ここでは、希望すれば社会福祉士の資格を取ることもできるし、大学によっては精神保健福祉士、介護《かいご》福祉士の資格取得も可能だ。しかし、**社会福祉学科で学ぶということは、決して資格を取ることだけを目的としているわけではない。より広い視野で社会を見つめ、そこで生じる困難や苦悩《くのう》をいかに解消していくかを考えることが、この学科の主眼であるんだ。**

まず、入学すると福祉の根本的な理念から教わっていくことになる。福祉というものの成り立ち、そして誰《だれ》のために、何をするのか、ということから考えていくことになるだろう。特に現代社会における福祉について考えることが重要だ。社会が時代ごとに大きく変わってきたように、福祉を必要とする人たちも変化してきた。現代では、どういう人たち、どういう状況《じょうきょう》で福祉が必要とされるのかを、理論だけでなく実習を通して学んでいくんだ。

現代における助け合いの在り方

具体的には「社会福祉概論《がいろん》」や「地域福祉論」「社会保障論」といった基礎《きそ》的《てき》な分野から、「障がい者福祉論」「介護《かいご》福祉論」「児童福祉論」などの個別の対象について、学ぶことになる。

特に、社会福祉という名称《めいしょう》からもあきらかなように、「社会」と「福祉」との結びつき、いわゆるソーシャルワークについては重点的に学ぶことになるだろう。そこでは法律や制度、福祉政策に関する知識を深め、現代社会の中でどのように福祉が活かされているか、また今後の課題は何か、ということを考えていく。

さらには地域での福祉の在り方も学んでいく。コミュニティーにおける福祉というものも時代によって変化しており、かつての共同体がもっていた助け合いの仕組みは薄《うす》れてきている。隣近所による互助《ごじょ》の精神は、特に都市部ではみられなくなっているんだ。その代わりとして、行政や福祉団体が中心となって支援《しえん》システムをつくりあげている。

たとえば、高齢《こうれい》者を対象として、保健所や役所の福祉課などが率先して認知症《しょう》に関する講座を開いたり、健康体操などを教えたりもしている。そうした地域に根差した支援《しえん》なども学んでいく。

ソーシャルワークの実践《じっせん》も

実際のソーシャルワークは、決して机上の理論だけではすませられない。困っている人と向き合い、生活歴などを聞き取りながら、どのような支援《しえん》が最適なのかを探っていかなくてはならないんだ。そうした面談や聞き取りに必要とされる技術も、学んでいくことになるだろう。

たとえば、高齢者施設《こうれいしゃしせつ》のソーシャルワーカーならば、高齢者《こうれい》にとっての福祉の在り方について制度や法律を視野に入れつつ、具体的に困っている内容について聞いていくことになる。どの程度の介護《かいご》が必要なのか、家族がいるのかどうか、在宅で暮《く》らしたいのか施設《せつ》で暮《く》らしたいのか、そうしたことを把握《はあく》しなければならない。その結果、それぞれ個別にどのようなサポートが必要であり、可能なのかを決めていくんだ。

これは対象が病院に来た患者《かんじゃ》さんや学校に通う児童、役所を訪ねてきた生活に困窮《こんきゅう》している人であっても同じだ。個人の背景を聞き取り、支援《しえん》の内容をともに考えていく。

特に現代では、一方的に支援《しえん》を押《お》しつけるような方法はしない。かつての福祉は「施《ほどこ》し」という面が強く、支援《しえん》する側の都合で支援《しえん》内容が決められていたが、現在ではあくまで個人の希望が優先され、本人にとってもっとも望ましい支援《しえん》が選び取られることになる。

実習によって現場を体験

だから、必然的に実習が多くなるんだ。取得したい資格によっても異なってくるが、高《こう》齢《れい》者《しゃ》施設《しせつ》、障がい者施設《しせつ》、児童養護施設《しせつ》、病院などの医療《いりょう》施設《しせつ》、さらには役所や福祉協議会などに数週間通い、職員の仕事ぶりにふれることになる。施設《しせつ》によっては、利用者の介助《かいじょ》などを手伝わせてくれるところもある。

社会福祉士や精神保健福祉士、介護《かいご》福祉士など資格取得のための実習は、3、4年生の夏休みなどを利用して行われることが多い。実習担当の教員と相談して実習先が決められるケースがほとんどだが、早くから関心があって「行きたい」と希望する施設《しせつ》などを定めておいたほうが希望が叶《かな》うことが多いようだ。

大学によっては、現場から学ぶことを重視して1年生から実習を組み込《こ》んでいるところもあり、いろいろな分野の施設《しせつ》を体験することができ、自分の進路を考える上での参考になるだろう。

身体の介護《かいご》から心のケア、社会の仕組みまで学ぶ

Q6

医療福祉学科では何を学びますか？

医療《いりょう》ソーシャルワーカーという仕事

高齢《こうれい》社会は病気などで長期療養《りょうよう》をする高齢《こうれい》者を多く生み出す一方で、政府の施策《しさく》によって病院での入院期間は短くなり、訪問医師や訪問看護による在宅療養《りょうよう》も増えてきた。

医療《いりょう》ソーシャルワーカーの主な仕事は、病院を訪れ、治療《ちりょう》を受ける患者《かんじゃ》の相談に乗ることであり、退院後も含《ふく》めて、よりよい暮《く》らしを送れるように考えることである。病気やケガに関することは医師や看護師が担当するが、それ以外のさまざまなこと、たとえば治《ち》療《りょう》費のことや家族との連絡《れんらく》、あるいは生活に関する悩《なや》みなどは医療《いりょう》ソーシャルワーカーが相談に乗る。退院後に家の中をバリアフリーにするための相談だったり、入院したことで失業してしまった場合は、生活保護なども含《ふく》めた制度を紹介《しょうかい》したりもするだろう。

このように業務内容は多岐《たき》にわたり、またさまざまな患者《かんじゃ》に目配りをしていかなくてはならないんだ。

社会福祉の勉強が中心

医療《いりょう》福祉学科は医療《いりょう》ソーシャルワーカーの育成を目的としているところが多いが、医《い》療《りょう》ソーシャルワーカーという資格があるわけではないので、あくまでベースとなるのは社会福祉士や精神保健福祉士である。そのため、授業内容や実習などは、社会福祉学科と重なる部分が多い。

ただ、仕事としては病院に所属し、施設《しせつ》の中で活動することが多いため、医師や看護師らの協力を得て仕事をしていくことになる。ソーシャルワーカーもチーム医療《いりょう》の一翼《いちよく》を担っていると言えるだろう。

そのためにも医学的知識や現代の医療《いりょう》制度、法律に関して学んでおく必要がある。そこで授業では、福祉系科目に加えて、人体や病気に関する医療《いりょう》系科目も多く組み込《こ》まれることになる。また、現代人の抱《かか》える心の悩《なや》みに対応できるように、心理学系科目も履《り》修《しゅう》できるようにしている大学も多い。こちらは精神保健福祉士という資格がある。

医療《いりょう》ソーシャルワーカーもまた患者《かんじゃ》と対面して、困りごと、悩《なや》みごとを聞き取っていかねばならない。授業では、そのための技術や知識を習得するためのロールプレーなどを使って、どのような相手からでも悩《なや》みごとを聞き取れるよう学ぶことになる。

患者《かんじゃ》、家族と向き合うことでともに考える

ほかの福祉の仕事と同様に医療《いりょう》ソーシャルワークも、理論だけでは収まりきれない部分が大きい。病気も、たとえ同じ病名であっても表れる症状《しょうじょう》は人それぞれで違《ちが》っている。それに加えて家庭環境《かんきょう》も、人それぞれ異なる。退院後の生活も、家族が何人いるか、自宅が平屋か二階建てか、買い物をする店が近くにあるかどうかなど、それぞれの状態に合わせて支援《しえん》策を定めていかねばならない。だから、ここでもまた現場での学びが重要になってくる。医療《いりょう》ソーシャルワーカーの仕事とは患者《かんじゃ》や家族と向き合い、話し合い、どうすれば病気になる以前に近い形で暮《く》らしていけるかを考えていくことになるんだ。

病気になったことで、行動に制約が出てくるし、家族の負担も大きくなるだろう。ソーシャルワーカーは、その時に起こりうるさまざまなケースを想定できなければならない。そのためにもボランティアなどで、多種多様な現場を肌《はだ》で感じておく必要があるだろう。また、多くの高齢《こうれい》者や障がい者とふれあい、「不自由である」ということを実感としてとらえていかなくてはならない。

資格取得のための実習だけでなく、入学した1年生からボランティア活動を推奨《すいしょう》したり、学生同士による実習形式の授業を行っている大学が多いのも、それらのことを肌《はだ》で感

じさせるためなんだよ。

取得可能な資格も医療《いりょう》と関連する

なかには医学部や付属病院をもっている大学もあり、そうした医療《いりょう》施設《しせつ》と連携《れんけい》している場合もある。また、看護や理学療法《りょうほう》、作業療法《りょうほう》、保健といった学科が併設《へいせつ》されている大学では、他学科との交流によって、より広範《こうはん》な知識を得られるだろう。

資格としては社会福祉士を取得できる大学がほとんどだ。それに精神保健福祉士とのダブルライセンス取得を可能としているところもある。ただ、日程的に厳しいためにどちらかひとつだけの資格取得を勧《すす》めている大学もあるので、事前に調べておいたほうがいい。

ほかにも聴覚《ちょうかく》障がい者や知的障がい者の教育にたずさわる特別支援《しえん》学校教諭《きょうゆ》一種の資格が取得可能な大学もあるので、そうした仕事に関心がある人はぜひ調べておこう。

この学科もまた、福祉や医療《いりょう》の現場だけでなく、行政で活躍《かつやく》するケースも多いため、幅広《はばひろ》い知識の修得が求められる。常に社会の動きにも目を配っておく必要がある。

医療《いりょう》ソーシャルワーカーの育成を目的としている

Q7 教育福祉学科では何を学びますか？

子どもたちが健康に育つための支援《しえん》を

福祉の基本理念は、誰《だれ》もが幸せに生きられるように手助けをしていくことだ。一人では生きられない「子ども」などはもっともサポートを必要とする存在だと言えるだろう。家庭だけでなく学校、そして社会がどのように子どもたちを見守り、支えていくか。少子化、そして共同体の力が弱まっている現代は、大人はもちろん子どもにとっても生きにくい時代だ。だからこそ、子どもの支援《しえん》は福祉にとって大きなテーマになっている。また、子どもが幸せに暮《く》らせるということは、親も、そして家族も幸せになるということでもあるんだ。子どもを支援《しえん》するためには、その家庭も視野に入れながら支援《しえん》していくことになる。

教育福祉学科は、子どもの教育、そして福祉について学ぶ学科である。子どもが健全に成長できるよう支援《しえん》するための教育者や保育者、さらには福祉事業の担い手の養成が目的であり、そのための専門知識を学ぶことになる。名称《めいしょう》としては、ほかにも児童福祉学科、

子ども家庭福祉学科や社会福祉子ども学科、こども教育福祉学科としている大学もある。

家族のケアも視野に入れる

昔《むかし》に比べて、子どもを取り巻く環境《かんきょう》は複雑になっている。特に家庭では、両親の共働きや核《かく》家族化により、大人の目の届かないところで子どもたちだけで過ごす時間が増えてきた。いじめや非行はそうした中から芽生えがちであるし、両親の精神的な不安定さが児童虐待《ぎゃくたい》につながることもある。学校、家庭、地域それぞれの場所で子どもの支援《しえん》を充実《じゅうじつ》させる方法を考えていくことが、教育福祉、子ども福祉の役割である。

この学科では乳幼児保育や障がい児保育などを基礎《きそ》から学ぶ一方、家族の在り方、家族への支援《しえん》の仕方、地域での子育ての在り方についても勉強していくことになる。さらに子どもにまつわる健康、看護、栄養、運動などについても学び、子どもたちが心身ともに健康に暮《く》らせるように手助けをしていく。

教師や両親が、どうしても学校や家庭という限られた場所からだけ子どもを見ているのに対して、教育福祉を学んだ者は、子どもたちの存在を丸ごと見つめていくことができる。そこでは教師や親との連携《れんけい》も必要になってくるし、時にはこちらから要求することも出てくるだろう。そのような場合も、相手の立場を理解して、子どもにとって何が最適かを基準として支援《しえん》策を考えなくてはならない。

成長するとともに支援《しえん》方法も変わる

子どもといっても、年齢《ねんれい》によって育て方は大きく異なってくるんだ。年齢《ねんれい》に合わせた環《かん》境《きょう》の整え方もあるし、親とのかかわり方も考えていかなくてはならない。乳児と小学生では親の世話の仕方も違《ちが》うし、もっと成長するとまた変わる。そのことを考えながら子どもの幸せを考えなくてはならないんだ。

具体的な授業としては、児童福祉概論《がいろん》など児童福祉の理念などから始まり、保育原理、乳児保育、障がい児保育、家庭支援《しえん》などを学び、もう少し大きくなった子どもに関する問題、たとえば不登校、ひきこもり、青少年問題など、時に社会問題になっていく内容も学んでいく。また、乳幼児に対する教育法では音楽や造形、言語、運動などのアプローチも必要となり、基本的な考え方だけでなく実際の現場で役立つ内容も含《ふく》まれている。健康面では、子どもの保健、食品学をも含《ふく》む児童栄養学や救急看護、健康相談といった支援《しえん》法も学ぶことになる。

いずれも、まず保育所、幼稚園《ようちえん》、児童福祉施設《しせつ》などで一人ひとりの子どもへ支援《しえん》ができる能力を養っていく必要があるんだ。それから、各家庭での生活環境《かんきょう》に合わせた子育て支援《しえん》を行えるようにする。

実習で子どもと接することも大事

子どもの福祉を学ぶためには、やはり豊富な実習経験が大事である。子どもと過ごさなくては学べないことがたくさんあるからだ。1年生から、社会福祉施設《しせつ》でのボランティア活動や保育所、幼稚園《ようちえん》での現場体験を授業に組み込《こ》んでいる大学も多い。

教育福祉学科で取得できる資格は、社会福祉士、保育士、幼稚園教諭《ようちえんきょうゆ》一種などが中心で、ほかにも特別支援《しえん》学校教諭《きょうゆ》一種、養護教諭《きょうゆ》一種、小学校教諭《きょうゆ》一種など、教育関係の資格が多い。社会福祉士、保育士、幼稚園教諭《ようちえんきょうゆ》一種のトリプルライセンス取得が可能な大学もあるが、それぞれの資格のために複数の実習をこなさなくてはならないので、心してかかろう。そのため、いくつかの資格に絞《しぼ》った取得を勧《すす》めているところもある。希望の資格が取得できるカリキュラムかどうか、さらには大学生活で自分のやりたいこと（たとえばサークル活動）と考え合わせて資格の取得が可能かどうかを、しっかりと調べておこう。

Q8

心理福祉学科では何を学びますか？

心の問題を抱《かか》えている人も多い

高齢《こうれい》者や障がい者の支援《しえん》というと、身体介護《かいご》が思い浮《う》かぶ。肉体的な不自由さが自立を邪魔《じゃま》してしまうから、そこをサポートしていくのは確かに福祉の大事な役割なんだ。一方で、自立した生活が営めないのは、肉体的な不自由さだけでなく「心の問題」による場合もある。精神疾患《しっかん》がそうだし、「うつ」やノイローゼといったものもそうだ。また、受験や仕事でストレスを抱《かか》え込《こ》んでしまうこともあるだろう。現代はあらゆるところに心の問題が潜《ひそ》んでいて、誰《だれ》もが陥《おちい》る可能性をもっている。

かつては「うつ」やノイローゼなどは病気ではなく気分障がいとしてとらえられ、自然に治癒《ちゆ》するに任せていた。しかし、これらも重症《じゅうしょう》化すると日常生活に大きな支障が出ることがわかり、早めの治療《ちりょう》や薬物治療《ちりょう》も行われるようになっている。心の問題によってふつうの暮《く》らしが送れない場合にはなんらかの支援《しえん》が必要となるが、精神疾患《しっかん》や気分障がい

は見た目からはわからない場合が多く、なかなか理解が得られないこともある。そうした人たちが少しでも生きやすいような社会システムをつくりあげていくことも福祉の役割なんだ。

心の問題を知るためには心理学を学ばなくてはならないだろう。その心理学と福祉学とを融合《ゆうごう》させて学ぶのが心理福祉学科ということになる。ほかにも福祉心理学科、心理・社会福祉学科という名称《めいしょう》や、あるいは子どもの福祉と心理学とを結びつけた心理子ども学科、教育福祉心理学科としている場合もある。

カウンセリングの手法も学ぶ

授業では、福祉学と心理学の科目の両方を学ぶ。福祉学では社会福祉に関する授業が中心だ。「社会福祉概論《がいろん》」や「地域福祉論」「社会保障論」から「障がい者福祉論」「介護《かいご》福祉論」「児童福祉論」など福祉の分野を幅広《はばひろ》く学ぶことになるんだ。

心理学では、「心理学概論《がいろん》」などの基礎的《きそてき》な授業から「知覚・認知心理学」「産業・組織心理学」「集団心理学」「発達心理学」「教育心理学」、さらには「臨床《りんしょう》心理学」や「犯罪心理学」「児童心理学」といった専門的な内容へと進んでいく。また、心理学の分野においてはカウンセリングを行うことがあるため、そのスキルも学ばなくてはならない。カウンセリング心理学や対人関係論などで、実際に心の問題を抱《かか》えた人と対話をくり返しながら、どのように悩《なや》みごとを聞き出すか、ともに解決策を話し合うかを学んでいく。実は、こうした対話の技術の習得は、福祉分野での対人援助《えんじょ》の方法にもつながってくるんだ。その意味では、心理学のスキルと福祉のスキルとはとても近いものだとも言える。

子どもやお年寄りの心の問題を探る

大学によっては、2、3年生から「心理学」と「社会福祉」のコースに分けて、どちらかに重点を置いて学ばせている。その場合は、社会福祉関連の資格取得（社会福祉士など）ができるか確認しよう。

心理学では臨床《りんしょう》心理学、発達心理学、教育心理学などを学ぶ。臨床《りんしょう》心理学は、精神的なことから社会になじめなくなった人の心の問題を扱《あつか》い、精神分析《ぶんせき》などの手法を駆使《くし》して問題の改善を図る。カウンセリングを中心に箱庭療法《りょうほう》や認知行動療法《りょうほう》などの療法《りょうほう》を学ぶんだ。

発達心理学は、人間が誕生《たんじょう》してから亡くなるまでに「心」がどのように発達し、変化していくのかを研究する学問だ。赤ちゃんの時には乳幼児心理学、小学生だと児童心理学と成長過程によって区分される。高齢《こうれい》社会が進む中、老年心理学も注目されていて、認知症《しょう》の高齢《こうれい》者の心の動きなども研究されている。

教育心理学では、学校教育の中で子どもたちのやる気をどのようにして育んでいけばいいか、学習の習熟度合をどのように測ればいいのか、そのことが子どもに与《あた》える影響《えいきょう》はどのようなものかといったことを考えていく。

心理学でも実習が大切

この学科では、社会福祉士や精神保健福祉士、公認心理師、臨床《りんしょう》心理士などの資格取得をめざすことができる。どの資格をめざすかによって、学ぶべき科目は異なってくる。**ただ、いずれも実習は必須《ひっす》であり、高齢者施設《こうれいしゃしせつ》や障がい者施設《しせつ》、児童養護施設《しせつ》、福祉団体などでその仕事ぶりにふれることによって、どのような職種ならやっていけるかを判断するための材料にもなる。**

社会福祉学科でも心理学を学ぶ機会はあるが、心理福祉学科ではあくまで支援《しえん》を必要とする人たちの心の問題を重点的に扱《あつか》うことになる。家庭内暴力や児童虐待《ぎゃくたい》から生じるPTSD（心的外傷後ストレス障害）、高齢《こうれい》者の孤独《こどく》の問題など、将来的には大きなウエートを占《し》めることになる分野である。

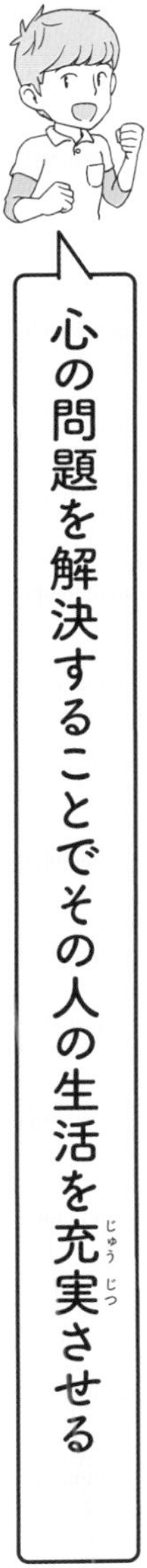
心の問題を解決することでその人の生活を充実《じゅうじつ》させる

Q9

社会福祉学部と結びつきやすい学問ジャンルはなんですか？

社会学とは密接なつながりが

「社会福祉」という名称《めいしょう》からあきらかなように、社会の中での福祉の在り方を学ぶのが、この学部の目的だ。その「社会」と「福祉」とを切り分けると、社会学と福祉学とになる。ということで、まず結びつきやすいのは社会学だろう。なお、私たちが「福祉」という言葉を使う時、その背景としてすでに「社会」という要素を考えている。だから、社会学と根は同じだとも言えるんだ。社会全体を対象にして研究していくのが社会学であり、その中の「幸せに暮《く》らす」という部分をクローズアップさせたのが社会福祉学である。

ただ、だからといって社会学の中に社会福祉学が丸ごと含《ふく》まれるわけではない。重なっている部分は大きいけれど、社会学にはない部分もあるんだ。特に大学で学ぶ社会福祉学は、研究の部分と実践《じっせん》の部分とをあわせもっている。いろいろな施設《しせつ》での実習がそうだ。実践《じっせん》による学びは社会学ではみられないことだろう。

社会学の場合には、調査研究のためのフィールドワークがあり、研究対象となる集団や組織（あるいは個人）の観察、アンケート、インタビューなどを行うが、あくまでも外側からかかわっていく。また社会学のテーマ、たとえば若者の間で流行っているファッションや国際社会での貧困問題は、福祉では取り扱《あつか》わない。社会学をさらに細分化していった現代社会学科、国際社会学科、コミュニケーション学科、社会文化学科、情報社会学科、地域社会学科、人間学科、人間社会学科なども社会福祉学部と結びつきやすいだろう。

子どもたちについて学ぶ教育学

教育福祉学科、子ども福祉学科があるように、福祉は教育分野の学問とも結びつきが強いんだ。教育学科など、教育について研究する分野は福祉と関連がある。そもそも「教育する」とはどういうことなのかを考えることから始まる。その答えは、時代によっても異なるし、所属する社会や家庭環境《かんきょう》によっても違《ちが》ってくる。しかし、そこからこぼれ落ちる子どもは、いつの時代にも必ず存在する。そうした子どもを掬《すく》い上げるのが福祉の役割だと言えるんだ。教育学科から分かれた学科として教育科学科、社会教育学科などがある。

社会福祉学で実践《じっせん》を通して学んだことは、教育の分野でいうと教員養成系の学科に近いだろう。ただ、教員養成という言葉を使わずに児童教育学科や児童学科、子ども教育学科、子ども発達学科など「児童」や「子ども」「こども」という名が冠《かん》されていることもある。一方で、課程として小学校教員養成課程、中学校教員養成課程、特別支援《しえん》教育教員養成課程、養護教諭《きょうゆ》養成課程などの名を用いている大学もあるから注意しよう。

看護、医療《いりょう》、栄養学の分野は福祉の大事な要素

福祉学とかなり近い位置にあり、「人のケア」ということでは、ほぼ隣り合わせだと言えるのが看護学科だろう。現在の看護学は医療《いりょう》の高度化によって、専門が細かく分かれている。高齢《こうれい》者看護、小児看護、母性看護、精神看護などがあり、職場も病院だけでなく、老人福祉施設《しせつ》や社会福祉施設《しせつ》や訪問看護ステーションと、福祉と近い仕事をしているんだ。

病気で身体が不自由になった人たちや高齢《こうれい》者などのリハビリテーションを担当する人たちは、福祉と連携《れんけい》しながら仕事をしている。だから理学療法《りょうほう》士や作業療法《りょうほう》士を養成する保健学科、理学療法《りょうほう》学科、作業療法《りょうほう》学科、リハビリテーション学科なども結びつきが強いと言える。ほかにも柔道《じゅうどう》整体学科、鍼灸《しんきゅう》学科などは骨折の治療《ちりょう》や鍼灸《しんきゅう》を用いた治療《ちりょう》を行い、利用者には高齢《こうれい》者が多い。

在宅での介護《かいご》にたずさわると、利用者の食事についても目配りするため栄養学の分野もまた密接なつながりがある。特に高齢《こうれい》者の食事は誤嚥《ごえん》（食べ物を誤《あや》まって気管に飲み込《こ》ん

でしまうこと。肺炎の原因になる）に注意するため、細かく刻んだり、柔《やわ》らかく煮たりする。栄養的にも充足《じゅうそく》感が必要なので、栄養学の知識が必要なんだ。

暮《く》らしについて研究する家政・生活科学も必要

自分らしい生活を営めるよう支援《しえん》するのが福祉であるから、根本のところの「生活」を見つめ直し、学んでいく家政学科、生活科学科、生活環境《かんきょう》学科、環境《かんきょう》デザイン学科などは関連が深いだろう。家庭生活全般《ぜんぱん》が学問の対象となるので、内容は広範《こうはん》にわたる。福祉との関連でいうと、たとえば高齢《こうれい》者が使いやすいような道具のデザイン（ユニバーサル・デザイン）についての研究などもなされている。

家政学では特に「衣食住」について学んでいくことになるが、さらに分野は細分化されている。「衣」については被服《ひふく》学科や生活造形学科などがある。「食」だと健康デザイン学科、食物学科など。また、「住」だと、既製《きせい》の住宅内でバリアフリーをどのように実現するかなどの研究が生活デザイン学科、居住環境《かんきょう》学科、住居・インテリア学科で行われている。

人の健康や暮《く》らしにかかわる学問はすべて福祉とつながるんだ

問題を抱えた個人から世の中の仕組みをつくる

教員インタビュー 1

神奈川県立保健福祉大学《かながわけんりつほけんふくしだいがく》
保健福祉学部社会福祉学科　教授
行實志都子《ゆきざねしづこ》さん

著者撮影

上智《じょうち》大学で社会福祉を学ぶが、まず一般《いっぱん》企業《きぎょう》で社会人としての経験を積むために、紡績《ぼうせき》関係の会社に勤める。総合職として入社し、いくつかの仕事を経てやはり福祉の仕事がしたいと精神保健福祉士に。福祉の仕事では、そうした「回り道」に思えることも決してむだにはならないと実感している。

当事者の力を活かした支援《しえん》「ピアサポート」

私がソーシャルワーカーとして最初に勤務したのが、大阪《おおさか》の精神科病院です。その当時は、まだ精神保健福祉士という資格はなく、大学で精神障がい者に特化した授業もなく、知識はほとんどありませんでした。日々の業務の中で患者《かんじゃ》さんとふれあい、それまでは教科書でしか知ることのなかった知識が、具体的に理解できました。たとえば、幻聴や幻覚についても、患者《かんじゃ》さんの言葉でどんな状況《じょうきょう》なのかを説明してもらい、そのつらさを実感しました。まさに患者《かんじゃ》さんが先生でしたね。

精神科病院の勤務では、精神科救急の最前線での支援《しえん》や精神科デイケア（通所リハビリテーション）を担当しましたが、特にデイケアでは就労支援《しえん》に力を入れました。

精神障がい者は「働きたい」という気持ちをもっている人も多く、いっしょに自分の人生の中で、働くことの目的やその準備を考えていきます。また、ソーシャルワーカーは、彼らの就労の希望を叶えるために企業《きぎょう》などの外部機関に対しても働きかけを行います。

またその病院では、精神障がい者を雇用《こよう》する事業を立ち上げました。彼らが地域の高齢《こうれい》者を対象に、病院食の宅配サービスを実施《じっし》するという高齢《こうれい》者宅配事業です。この事業は高《こう》齢《れい》者の栄養管理や安否確認、障がい者の正しい知識の普及《ふきゅう》啓発《けいはつ》、そして障がい者の雇用《こよう》の場を確保することができます。まさに一石二鳥ではなく、一石三鳥ですね。

その後、精神科病院を退職し、大阪府といっしょに日本初の精神障がい者ピアヘルパー誕生《たんじょう》の事業にたずさわりました。このピアサポートは、同じ立場の仲間同士で「共感、傾聴、対等」を基盤とした相互支援《しえん》の関係性を大切にするものです。みんなが笑顔に元気に自分らしく生きる力を得るものです。この大阪府での事業が全国的に注目され、それをきっかけに私もいろいろな人との出会いがありました。その出会いが埼玉《さいたま》県の市町村職員として働くことへ繋《つな》がり、その後、埼玉県内や各自治体へピアサポートを広げていく活動にも発展していきました。大学で教えるようになってからも、ピアサポートは私の重要な研究テーマのひとつです。

少しずつ根づいてきた社会福祉の概念

今は社会福祉への関心も高まり、随分《ずいぶん》と変わりましたが、それでも「福祉」に関する仕事というと、高齢《こうれい》者や障がい者の身体介護《かいご》しか思い浮《う》かばない人が多いようです。私が大学生の頃は、社会福祉学科といってもまだまだ周囲から「何をやっているの？」と聞かれる時代でした。高校の進路指導の先生も知らなくて、私が説明したのを覚えています。今でも進路指導の時に、ソーシャルワーカーや社会福祉士について正しい知識をもっている先生はまだ多いとは言えません。

高齢《こうれい》者や障がい者の身体的な介護《かいご》は、あくまで福祉の中の一要素であって、実際にはもっと広範《こうはん》なものです。そして、サポートの在り方も多様です。たとえば、社会福祉士がソーシャルワーカーとしてかかわる際、いろいろな人のニーズや課題に対応できるように、身近なところでは医療《いりょう》保険や介護《かいご》保険などの知識も必要です。また、行政が行う生活保護や児童福祉に関しても、今は児童虐待《ぎゃくたい》問題などもよく取り上げられますが、その支援《しえん》の最前線はソーシャルワーカーになります。さらに、リストラされたり、仕事のストレスなどで自殺を考えたり、うつ病などになった人への支援《しえん》もソーシャルワーカーの仕事になります。私たちの生活全般とすべてとつながりがあるといっても過言ではないでしょう。

人が困りごとを抱《かか》えるということは、実際に目の前が真っ暗になって、困惑する状況《じょうきょう》と言え、一方で、その人のニーズ（夢や希望）が叶《かな》えられないため、悩んでしまう場合もあります。そのニーズを叶《かな》えるために、寄り添《そ》ってともにその方法を考えて実行していくのが福祉の仕事です。

ソーシャルワーカーは、支援《しえん》者の人生の重要な部分にかかわるので、その後の生活に大きな影響を与《あた》えることもあります。大変なこともありますが、困っている人が笑顔を取り戻《もど》していく姿に、やる気が出てきます。

学びを大切にすることが資格への近道

神奈川県立保健福祉大学（県立大学）は教員の数が多いため、学生一人ひとりに対して手厚いサポートが行えます。また、卒業生が神奈川県での就職率も高いため、実習などでネットワークの広さを実感できます。さらに、教員が神奈川県の行政機関や施設《しせつ》などともつながり、地域に根差していることも強みです。私も川崎市の障がい者支援《しえん》にかかわっています。よって自然と現場の生の声を授業などに取り入れている先生方も多くなります。

社会福祉学科の在学中に取得できる国家試験受験資格は、社会福祉士、精神保健福祉士、介護《かいご》福祉士があり、ほかにも卒業時にもらえる福祉関係の資格があります。社会福祉士や精神保健福祉士はソーシャルワーカーであり、社会福祉士は福祉系全般的な領域である高齢《こうれい》者、児童、地域福祉などが含《ふく》まれ、精神保健福祉士はメンタルヘルス領域の問題に対応します。介護福祉士は、身体介護《かいご》もありますが、地域包括《ほうかつ》支援《しえん》センターなどの高齢《こうれい》者の生活相談などに対応します。

資格取得も大事ですが、ベースは人に関心をもつことから、さらに社会全体をつくる視点へと広げるように心がけてもらいたいですね。

社会福祉士も精神保健福祉士も、子どもから高齢《こうれい》者まであらゆる人たちの人生にかかわる仕事です。「これが正解」と答えが出るものでもありません。人の数だけ道筋があるのです。そこが福祉の醍醐味《だいごみ》なところですね。

相手の「文化」を 尊重することも福祉の精神

教員
インタビュー
2

法政大学《ほうせいだいがく》
現代福祉学部福祉コミュニティ学科　教授
伊藤正子《いとうしょうこ》さん

著者撮影

ブラジルのリオデジャネイロに８歳《さい》まで暮《く》らし、日本に戻《もど》るまで家庭や小学校では日本語を、外ではポルトガル語を話す生活を送る。帰国後、型にはめようとする日本の風潮に疑問を感じ、そうした自身の体験が、後に研究テーマとなる「多文化ソーシャルワーク」へとつながっていく。

生きづらさを感じる人にこそ福祉を

それぞれの人がかかえている「生きづらさ」を、少しでも解消するよう支援《しえん》するのが福祉の役割です。その結果として、生活に支障をきたしている人の援助《えんじょ》が目的です。

現代社会の福祉は、従来からの社会的に弱い立場にある方々の支援《しえん》という面だけでなく、いろいろなライフステージで乗り越《こ》えるべき課題を対象としていかねばなりません。お金持ちだろうと貧困層だろうと、誰《だれ》もが生きづらさをかかえていますから。それだけ社会が複雑になってきているとも言えます。

ただ、そうした「生きづらさ」というのは、日本の社会福祉では扱《あつか》いにくいことも確かです。福祉の網《あみ》の目からこぼれ落ちてしまっている人たちや事象がたくさんあります。

私が研究テーマのひとつとしている「多文化ソーシャルワーク」という考え方がなかなか浸透《しんとう》しないのも、福祉への固定観念が強いせいなのでしょう。

たとえば、日本に住む外国人が、新型コロナウイルスに感染した疑いをもったとしたら、どこに行けばいいのか。あまり日本語を理解していない外国人だったら、そのことを誰《だれ》に尋《たず》ねていいかさえわかりません。

その時には「どうやって援助《えんじょ》するか」ではなく、「その人にとって必要な援助《えんじょ》とは何か」を考えていく必要があります。生きづらさを感じている人が、何をゴールとしたいかによって、援助《えんじょ》の内容も変わってくるのです。

個性を活かすことも生きづらさの解消に

子どもの頃、ブラジルから戻《もど》って日本の小学校に通うようになると、なんとも言えない生きづらさを感じるようになりました。その生きづらさから逃《に》げるため、とにかく日本を飛び出そうと思いました。

イギリスにボランティアホリデーというプログラムがあります。決められたボランティア活動をする代わりに、イギリスに長期滞在《たいざい》ができるというシステムです。私は重度身心障がい者の施設《しせつ》で、1年間にわたって支援《しえん》活動を行いました。

この施設《しせつ》を訪れて、個人主義の徹底《てってい》ぶりに驚《おどろ》かされたのです。全介助《かいじょ》の方でも個室で暮《く》らすのですが、部屋は自分の好みに飾《かざ》られ、食事も食べたいものをリクエストします。買物や週末ミサ、夜にパブへ行きたい時など、サポートを依頼《いらい》すれば、私たちの誰《だれ》かがついていくことになります。

まず個人ありきで、そこからプログラムをつくっていく。支援者《しえんしゃ》に頼《たよ》ってはいますが、これも立派な「自立」だと思えました。

日本だと、集団のプログラムがあって、そこに個人を合わせていきます。同じような部屋に暮《く》らし、いっせいに同じレクリエーションを行い、同じような食事を取らされます。こうした一種の「同化政策」は、ほかの福祉の現場でも頻繁《ひんぱん》にみられます。

イギリスでのボランティア経験により、私が長いこと感じていた生きづらさというのは、こういうことだったのかと、はじめて理解ができました。そして、一から福祉を勉強しようとする転機にもなったのです。

出合いの機会をもつことで異文化理解を

異文化と遭遇《そうぐう》するのは、本来はとてもスリリングで、おもしろいことであるはずです。ところが、私たちの社会は異文化と出合うと、それを排除《はいじょ》する方向に向かいますし、見なかったことにさえしてしまいます。

これは出会いが少ないこともあると思います。学生たちに聞くと、重度の障がい者を見たことがないし、弱っている高齢《こうれい》者にも出会ったことがない。日本語を理解しない外国人にも会う機会はないと言うのです。ふれあわないと、何もわからないというのに。

それで、障がいのある方や日本で働く外国人に授業に来てもらい話してもらっています。たとえば、ナイジェリアから来た男性は、仕事のことなどで市役所を訪れた際に、何度も門前払いを食らったそうです。その経験から、外国人相手の相談活動を立ち上げました。

外国籍《せき》の方々は日本の福祉の問題に直面し、

内側から見つめています。そんな話を聞くと、福祉の在り方を考えさせられるでしょう。

法政大学では、取ろうと思えば社会福祉士と精神保健福祉士の両方の受験資格を得ることができます。3年生で社会福祉士の実習、4年生で精神保健福祉士の実習があります。2年生から必要な科目が増えてくるので、計画的に学ばなくてはいけないでしょう。遅《おそ》くとも2年生の半ばで、資格に関しては決めないといけません。

実習先については、学生の希望は聞きますが、必ずしも望むところに行けるとは限りません。実習先も数に限りがありますし、厚生労働省も異なる複数の施設《しせつ》で実習することを求めています。

ただ、学生を見ていると、実習を経験すると顔つきが変わります。ひと回りほど成長して帰ってくるのです。そして、授業で現場の話題を出しても、実習前は聞いているのか聞いていないのかわからないようすだったのが(笑)、実習後はとても熱心に聞くようになり、理解度も上がっています。福祉の仕事のおもしろさにふれたのでしょうね。

社会から排除《はいじょ》され、心身ともにぼろぼろになってしまった人がいるとします。その方の話を聞いたりすると、社会、そして人間の冷たさを垣間《かいま》見てしまいます。

一方で、そういう人たちがいるにもかかわらずがんばっている姿にふれたり、支援《しえん》する人びとの声を聞くと、日本社会の懐《ふところ》の深さ、優しさを感じ、「人間ってまだまだ捨てたもんじゃない」という気もするのです。

福祉の仕事というのは、社会や人間、さらには自分を見つめ直すきっかけになるのです。

3章

社会福祉学部のキャンパスライフを教えてください

Q10

社会福祉学部ならではの授業はありますか？

学外実習が福祉《ふくし》を学ぶ際の中心軸《じく》

福祉では人と人とのやりとりが大切なため、対話を重視する授業が多い。ひとつのテーマでディスカッションをしたり、話を聞く練習をしたりする。慣れないうちはうまく聞き出せないが、対話のおもしろさがわかると、いろいろなことを話してもらえるようになる。

そして、ほとんどの社会福祉学部は、現場に赴《おもむ》いて行う学外実習が必修科目になっている。1年生から実習を経験するか、あるいは3年生になってから行うかの違《ちが》いはあるものの、とても重要な授業なんだ。長ければ1カ月ということもあるので、4年間の学生生活の中で大きなウエートを占《し》めるのは確かだ。

では、この実習で何が学べるのだろう。もちろん、高齢《こうれい》者福祉施設《しせつ》なら、高齢《こうれい》者の介護《かいご》について体験することができるし、一人ひとりの高齢《こうれい》者がどのようなことを考えているかを知ることができるだろう。病院での実習ならば、患者《かんじゃ》の抱《かか》える悩《なや》みや困りごとを見聞き

することになる。そして、いずれの場合も、ソーシャルワークなど施設《しせつ》で働く人たちの仕事ぶりにふれることができ、教科書や先生の話でしか知りえなかった仕事の中身も少しずつわかるようになるんだ。

ただ、それ以上に大きな収穫《しゅうかく》がある。どこの大学の先生も口をそろえて話してくれたことだが、「学生たちの顔つきが実習に行く前と後ではがらりと変わるほどだ」という。いろいろな授業を通して福祉という仕事について学んでいても、実感がともなっていなかった福祉を必要とする人たちのことや、仕事にたずさわる人たちの姿を肌《はだ》で感じることで、実感としてとらえられるようになるんだ。

高齢《こうれい》者を対象としたいろいろな施設《しせつ》

社会福祉学部の間口の広さを象徴《しょうちょう》するように、実習先もまた多彩《たさい》である。なかでも高《こう》齢《れい》者を対象とした施設《しせつ》はたくさんの種類がある。特別養護老人ホーム（特養）などの介護《かいご》老人福祉施設《しせつ》や、デイサービスと呼ばれる通所介護施設《かいごしせつ》、デイケアと呼ばれる通所リハビリステーションなどの現場に通うことになる。

将来、何をめざしているかによっても体験できることが変わってくるが、ソーシャルワーカーならば、入所する際の利用者からの聞き取りや家族との話し合いなどについて教わることになるだろう。介護《かいご》福祉士なら、食事や移動の際の身体介護《かいご》などを見ることができるし、施設《しせつ》によっては職員がつき添《そ》った状態で介護《かいご》の一端《いったん》を任されることもある。ベッドから車椅子《くるまいす》に移動する時、どのようにすれば高齢《こうれい》者は苦痛を感じなくてすむか、そして介護《かいご》する側の負担も小さくできるか、そうした工夫を教わったりする。

身体障がい者、知的障がい者の施設《しせつ》や病院での実習も

障がい者施設《しせつ》での実習も、さまざまだ。障がい者支援施設《しえんしせつ》では、身体障がい、知的障がい、精神障がい、発達障がいと、施設《しせつ》に入所したり通所するなど利用者もいろいろである。さらに、その中でも障がいが軽度の人から重度の人までさまざまであり、その度合いによって支援《しえん》の方法も変わってくるんだ。日常生活もままならない障がい者の介護《かいご》や介助《かいじょ》、自立をめざしている軽度の障がい者の就労支援《しえん》の手伝いなどを行うが、これらの施設《しせつ》でもソーシャルワークがあるため、その仕事内容を学ぶこともできる。

医療《いりょう》ソーシャルワーカーをめざす学生は、病院での実習に行くことが多い。病院の場合もソーシャルワーカーが患者《かんじゃ》の入退院時に、本人やその家族との面談を行い、医師の治《ち》療《りょう》方針だけではなく、生活全般《ぜんぱん》について相談を受けることになる。経済状態や自宅の状態（バリアフリーかどうか）などを聞き取り、もしも支障があるなら対応策を考えていく。

患者《かんじゃ》や家族の承諾《しょうだく》を得て、面談の場を見学させてもらうこともあるが、実習の時期との兼《か》ね合いもあって、必ずしも立ち会えるわけではない。その時は実習を担当している職員から、くわしい説明を聞くことができるだろう。

子どもたちの置かれた問題を実習で学ぶ

児童福祉を学ぼうとしている学生は、児童養護施設《しせつ》に行くことが多い。児童養護施設《しせつ》は小学生から高校生までの保護者のいない子どもや、DV（家庭内暴力）や虐待《ぎゃくたい》などから避難《ひなん》してきた子どもの生活を支援《しえん》する施設《しせつ》である。あるいは、失業によって住むところがなくなったり、やはり夫のDVから逃《のが》れてきた母と子の生活を支援《しえん》する母子支援施設《しえんしせつ》などもある。こうした施設《しせつ》は、まさに「家」として機能しているため、職員と入所者との距離《きょり》がかなり近く、緊張《きんちょう》しながら実習していくことになる。

実習先は、このような施設《しせつ》ばかりではない。役所の福祉課や福祉団体に行くこともあり、生活困窮《こんきゅう》者や外国人など、多種多様な悩《なや》みごとに対応する現場を体験することになる。

実習に行くことで学べることはたくさんある

Q11

社会福祉学部ならではの授業外活動はありますか？

福祉の現場にふれる方法としてのボランティア活動

授業外ではあるものの、なかには授業の一環《いっかん》としても組み込《こ》まれているのがボランティア活動だ。福祉系の学部に入学してくる学生は、そもそも「人のためになりたい」という思いを抱《いだ》いている人が多いため、ボランティア活動に関心をもつ人もたくさんいる。高校時代からすでにボランティア活動の経験がある人もいるし、大学でボランティアデビューをしようと、入学してすぐボランティアの場を探す人もいる。

ボランティア先も、福祉系の大学生であることから信頼《しんらい》して依頼《いらい》してくるケースがほとんどだ。多いのは、子どもを対象とした学童保育の施設《しせつ》で、放課後に訪れる児童といっしょに遊んだり、勉強を教えたりするものだ。夏休みなどの長期休暇《きゅうか》中には、大きなイベントを催《もよお》すところもあるので、その時は多くの学生が駆《か》り出されたりする。ほかにも知的障がい者の施設《しせつ》で、障がい者の作業療法《りょうほう》などを手伝うなどの活動もある。

高校までにボランティア経験がなければ、施設《しせつ》の雰囲気《ふんいき》を内部から見て、肌《はだ》で感じることはとても役に立つ。施設《しせつ》の職員がどのような仕事をしているのか、利用者との関係をどう築いているのか、まずそうした基本的な知識を得ることが、福祉について考えるための助けになるんだ。

ただ、ボランティアであるため、あまり大きな責任のある作業は任せてもらえないが、それでも与《あた》えられた役割はきちんとこなすことで、施設《しせつ》からの信頼《しんらい》を得ることができる。福祉系の大学生の評判を落とさないためにも、その点は気をつけておきたい。

福祉関係のアルバイトの募集《ぼしゅう》も多種多様

社会福祉学部ならではのものとして、福祉施設《しせつ》でのアルバイト募集《ぼしゅう》がある。これは大学に募集《ぼしゅう》が来て、学内の掲示《けいじ》板などに掲載《けいさい》されたりしているんだ。

ボランティア活動と違《ちが》って、こちらは報酬《ほうしゅう》が発生するため、責任ある仕事を任されることが多い。たとえば、病気や事故などによって肢体《したい》不自由になった重度の身体障がい者の介助《かいじょ》アルバイトなどがある。そこでは、24時間体勢のシフトが組まれていて、そのなかの夜勤でお世話を任されたりするんだ。食事、入浴や排泄《はいせつ》のお世話もするし、時には話し相手になったりもする。

その意味ではボランティアに比べると、アルバイトで福祉にかかわるほうが、さまざまな障がいのある人たちと出会うことになるだろう。

そうした福祉系学部の学生アルバイトは、高齢者施設《こうれいしゃしせつ》や保育施設《しせつ》のスタッフ、高齢者《こうれいしゃ》や障がい者のためのホームヘルパーなど、実に多様である。そして、ボランティアよりも長時間にわたって高齢者《こうれいしゃ》や障がい者、子どもと向き合うことになるし、学ぶことはたくさんある。何より、スタッフとして福祉系の仕事の一端《いったん》にふれることがとても重要なんだ。

ボランティアサークルも盛《さか》んだ

サークル活動では、社会福祉学部ならではのものとして、ボランティアサークルがあげられる。**学外活動といいアルバイトといい、福祉系の大学では、とことん福祉施設《しせつ》や障がいのある人とかかわることが可能なんだ。**サークルによって、高齢者施設《こうれいしゃしせつ》でのボランティア、障がい者施設《しせつ》でのボランティア、あるいは子どものためのボランティアと分野が異なってくるので、自分の関心のある分野のサークルを探してみよう。

ボランティアサークルに所属することで、ボランティアにかかわるだけでなく、さまざまな情報にもふれられるので、それも大切だ。特に就職を考え始めるようになると、先輩《せんぱい》たちの就職活動を近くで見られるし、就職先についての動向も教えてもらえるはず。自分の就職活動がスタートすれば、きっと参考になるだろう。

海外への留学や研修で外国の福祉にふれる

福祉系の学部でも留学や海外研修の類は少なくない。たとえば、留学の場合は、大学が提携《ていけい》する海外の大学で学べるようなシステムをもつところもあり、ふつうの留学に比べると費用の全額免除《めんじょ》や半額免除《めんじょ》があったりもする。もちろん、こうした留学で取得した単位はそのまま大学に戻《もど》っても活かせる場合もあり、安心して留学することができるんだ。

必ずしも福祉系の大学や学部に留学できるとは限らないが、海外の町で暮《く》らし、その国の人たちと接することは、異文化にふれることであり、ふだん交わることのない人や暮《く》らしと出会うことである。それは必ず福祉を学ぶ際に活かされるはずだ。

海外研修の場合は、2週間ほどの短期であり、福祉施設《しせつ》などの見学が行われることが多い。そのため、福祉先進国であるスウェーデンなどが研修先になってくる。

より広い視野を獲得《かくとく》するためにも、早い時期に海外体験をするのは大切だろう。

授業では足りない部分をボランティアやアルバイトで学ぶ

Q12

この学部ではどんな人や世界にふれることができますか？

高齢《こうれい》社会の実態が見えてくる

ここ数十年で核《かく》家族化が進み、三世代同居の家庭はとても少なくなった。祖父母と会うのは年に数回。なかには数年に一度、帰省した時に顔を合わせる程度という家族もいる。つまり、生活の場に高齢《こうれい》者がいない家庭がほとんどなのだ。お年寄りを見かけるのは外出している時、町中で歩いている姿ぐらいである。高齢《こうれい》者と会ったこともなければ、会話をしたこともない。そんな学生たちが、実習で訪れた高齢者《こうれいしゃ》施設《しせつ》で、はじめてお年寄りに接したという例が実に多いのだ。だから、どうしても高齢《こうれい》者のことがわからないのである。

高齢《こうれい》になると、日常生活の中でできなくなることが多い。たとえば、手先が不器用になったり、足元が覚つかなくなったりもする。そうした不自由さは、そばで見聞きし、時に手を貸したりしなければわからないものなんだ。

これは障がい者についても同じだ。家族や親戚《しんせき》に障がい者がいない限り、お年寄りに比べてもっと接する機会は少ないだろう。身体障がい者や知的障がい者は、昔《むかし》ほど家に引きこもらなくなったとは言え、それほど出会うチャンスがあるわけではない。

障がい者施設《しせつ》での実習やボランティアによって、彼《かれ》らと接する機会をもつことができる。どのようなことで困っているのか、どのような介護《かいご》や介助《かいじょ》を望むのか、そして福祉に対して何を期待しているのか、そのような生の声を聞くことができるんだ。その時に、はじめて障がいの世界を間近で見つめることができるだろう。

日本《にほん》で暮《く》らす外国人の悩《なや》みにふれる

役所や福祉団体などで実習することで、相談に来る人たちの暮《く》らしている世界にふれることができるだろう。

最近、福祉課への相談が増えているのが、日本を訪れている外国人たちだ。賃金の不払いなど仕事に関する問題や病気になった時の保険の問題、外国籍《せき》でも受けられる行政サービスがあるかどうかなどの問題、とにかく彼《かれ》らが抱《かか》えている困りごとは山ほどあるのだ。彼《かれ》らのまわりには外国人ネットワークもあるのだが、そこで解決できない問題がもち込《こ》まれることになる。とても役所では対応しきれないこともあり、そのような時は福祉団体やボランティア団体を紹介《しょうかい》することになる。こうした世界もまた、ふだんの暮《く》らしの中からは見えてこないものだろう。

景気の動向によって失業してしまった人たちもまた問題を抱《かか》え、役所などを訪れる。不《ふ》況《きょう》ではどのような職場が影響《えいきょう》を受けるのか、そのためにどのような苦境に陥《おちい》っているのかなど、当事者でなくては語れない事情がある。そういった話を聞くことで、現代社会の、光の当たっていない部分を知ることができるんだ。

隠《かく》されている子どもたちの問題に直面する

子どもたちを取り巻くさまざまな問題もふだんは見えていない。特に、家庭の中に子どもの居場所がなくなるような、たとえばＤＶや親の失業による貧困、育児放棄《ほうき》などは、そうした問題を扱《あつか》う現場でなければふれられることはないだろう。

家庭内で起きていることは、外からはうかがい知れないものである。隣に住んでいても、育児放棄《ほうき》がなされているのか、児童虐待《ぎゃくたい》があるのかなど、わからないケースが多い。報道される子どもがらみの事件を見ると、それはあきらかである。だから、児童相談所の職員などは問題のありそうな家庭を訪問したりして、子どもの状態を知ろうと努めている。

一時避難《ひなん》的に預けられる児童養護施設《しせつ》などでの実習を通して、そうした問題点にふれることができるだろう。子どもたちのために何ができるか、すぐに回答が見つからない問いであるが、学生はみずから考えていくことになるんだ。

福祉を支える人たちの苦労を理解する

実際に悩《なや》みや困りごとを抱《かか》えた人たちばかりではなく、彼《かれ》らを支える人たち、また、支えるための組織、団体にもふれることができる。福祉施設《しせつ》で働く人たちの多くは、忙《いそが》しい中でも笑顔を絶やさず、利用者のことを思って活動している。決して楽な職場でないことは、ボランティアや実習で足を踏《ふ》み入れると、すぐに理解できるだろう。しかし、それぞれが生きがいややりがい、誇《ほこ》りをもって仕事をしているのは確かだ。そのことを肌《はだ》で感じることができるのも福祉を学ぶことの喜びである。

ほかにも、医療《いりょう》ソーシャルワーカーをめざす学生は、病院での実習を受けることもあるだろう。病院は、福祉施設《しせつ》などと違《ちが》った雰囲気《ふんいき》があり、医師や看護師、医療《いりょう》従事者の働く世界を垣間《かいま》見ることができる。生命の危険と背中合わせの世界であるから、緊張《きんちょう》感の中で仕事をしているはずだ。病院の外から見ただけでは感じ取れない雰囲気《ふんいき》だろう。

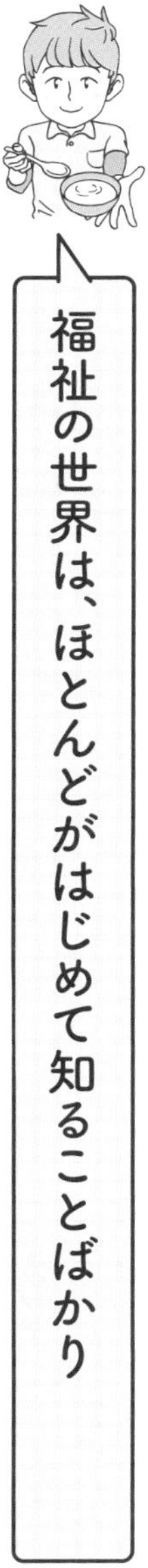
福祉の世界は、ほとんどがはじめて知ることばかり

Q13 社会福祉学部の学生の一日を教えてください

スケジュールの詰《つ》め込《こ》み過ぎには注意

大学の授業は、たくさんある必修科目と選択《せんたく》科目を、卒業に必要な単位数になるように組み合わせていかなくてはならない。必修科目は必ず取ることになるので、まず、この科目の時間割を決めて、数の多い選択《せんたく》科目から興味のある科目を選んでいくことになる。

授業時間は朝の9時から夕方の5時ごろまで。はじめは、ぎゅうぎゅうに時間割に詰《つ》め込《こ》もうとしがちだけど、そこは気をつけたほうがいいよ。

社会福祉学部はほかの学部と違《ちが》って、1年生からたくさんの専門科目を履修《りしゅう》しなくてはならないことが多い。これは社会福祉士や精神保健福祉士といった資格取得をめざすと、3、4年生で長期間の実習が入ってくるからなんだ。資格を取るためには決められた科目を学ぶので、1年生から必修科目としてカリキュラムに入れてあるというわけ。専門科目はしっかりと予習復習はしておきたいから、時間割は余裕《よゆう》をもって組むようにしたい。

また、選択《せんたく》科目は、できるだけ幅広《はばひろ》い知識が得られるような科目を選んでおこう。興味があるなら日本史でも、物理学でも、古典文学でもいい。それも授業を受ける楽しみのひとつになるし、何よりも福祉系の仕事ではさまざまな人とかかわるので、話題にできる「引き出し」がたくさんあったほうがいいんだ。

プライベートの過ごし方が大切

入学した段階で、ある程度は生活の時間帯を決めるようにしよう。自宅から通うか、一人暮《ひとりぐ》らしをするかによってスケジュールは違《ちが》う。一人暮《ひとりぐ》らしの場合には、朝食は自炊《じすい》にするのか、買い物はいつするのかといった細かいことも決めておい

1年生から専門科目を学び始める

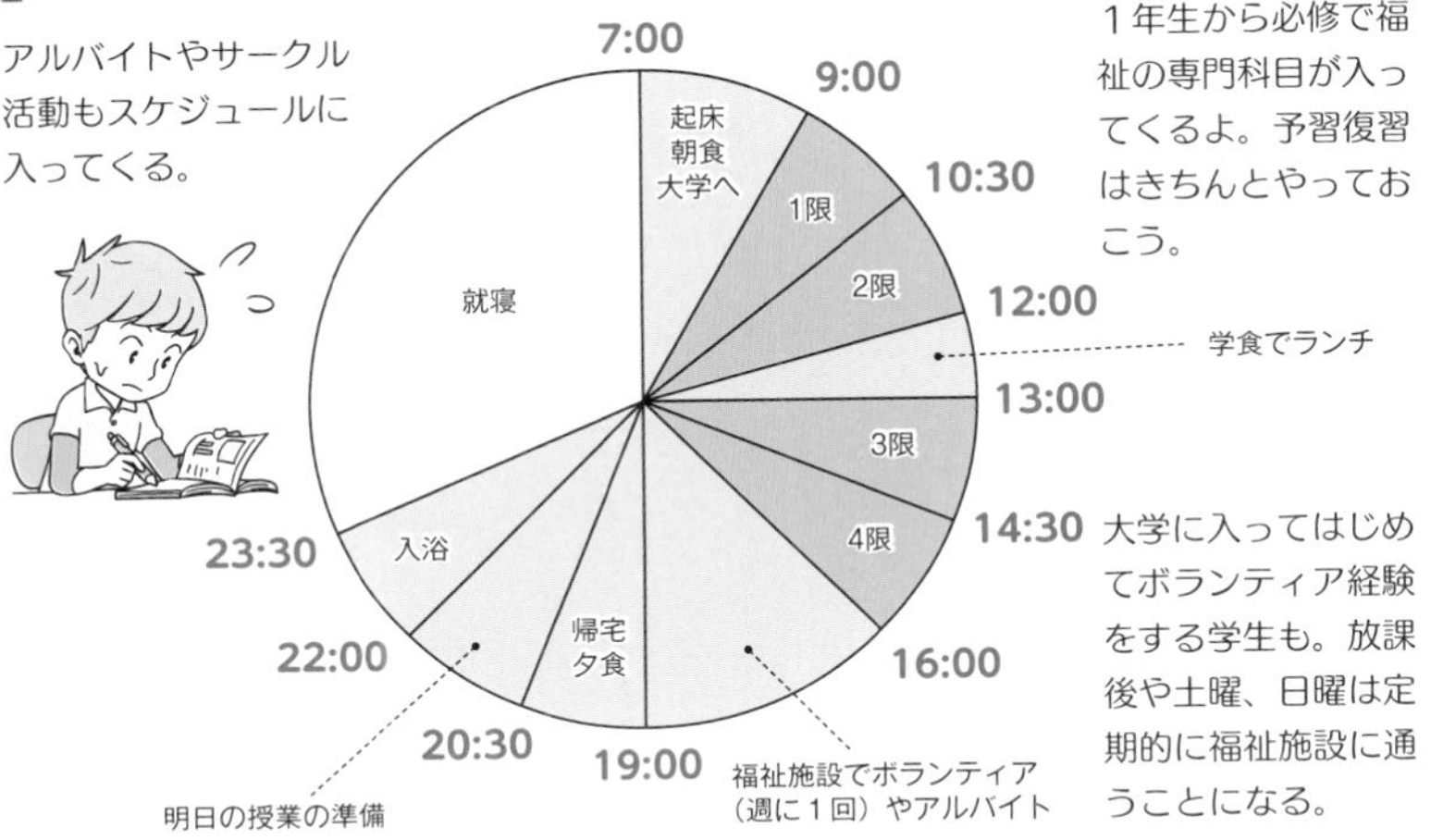

アルバイトやサークル活動もスケジュールに入ってくる。
1年生から必修で福祉の専門科目が入ってくるよ。予習復習はきちんとやっておこう。
大学に入ってはじめてボランティア経験をする学生も。放課後や土曜、日曜は定期的に福祉施設に通うことになる。
7:00
9:00
10:30
12:00
13:00
14:30
16:00
19:00
20:30
22:00
23:30
起床
朝食
大学へ
1限
2限
学食でランチ
3限
4限
福祉施設でボランティア（週に1回）やアルバイト
帰宅
夕食
明日の授業の準備
入浴
就寝

たほうがいいよ。買い物は1週間分まとめて買ったり、自炊《じすい》もつくりおきできる常備菜を用意するなどの工夫をしている学生は多い。そうすることで生活の時間帯を決められて、ほかの予定を組みやすい上に、生活費の節約にもなるんだ。

大学生活に慣れてくるとアルバイトやサークル、ボランティア活動も加わるだろう。アルバイトは福祉施設《しせつ》などを紹《しょう》介《かい》されることも多い。たいてい放課後か、土曜日や日曜日だ。それもスケジュールに組み込《こ》み、授業と同じような気構えで臨むようにしたい。特にボランティアサークルや福祉施設《しせつ》でのアルバイトなどは、きちんとした活動を続けることで、福祉を学ぶ際の自信にもつながる。

3年生の夏休み前後は実習の日々

福祉関係のアルバイトでは、授業や実習では見られない福祉の現場を体験できる。

実習が夏休みの前後にかかってしまい、その間の授業は欠席になることも。そのことを考えて出席できる時はしっかりと出席しよう。

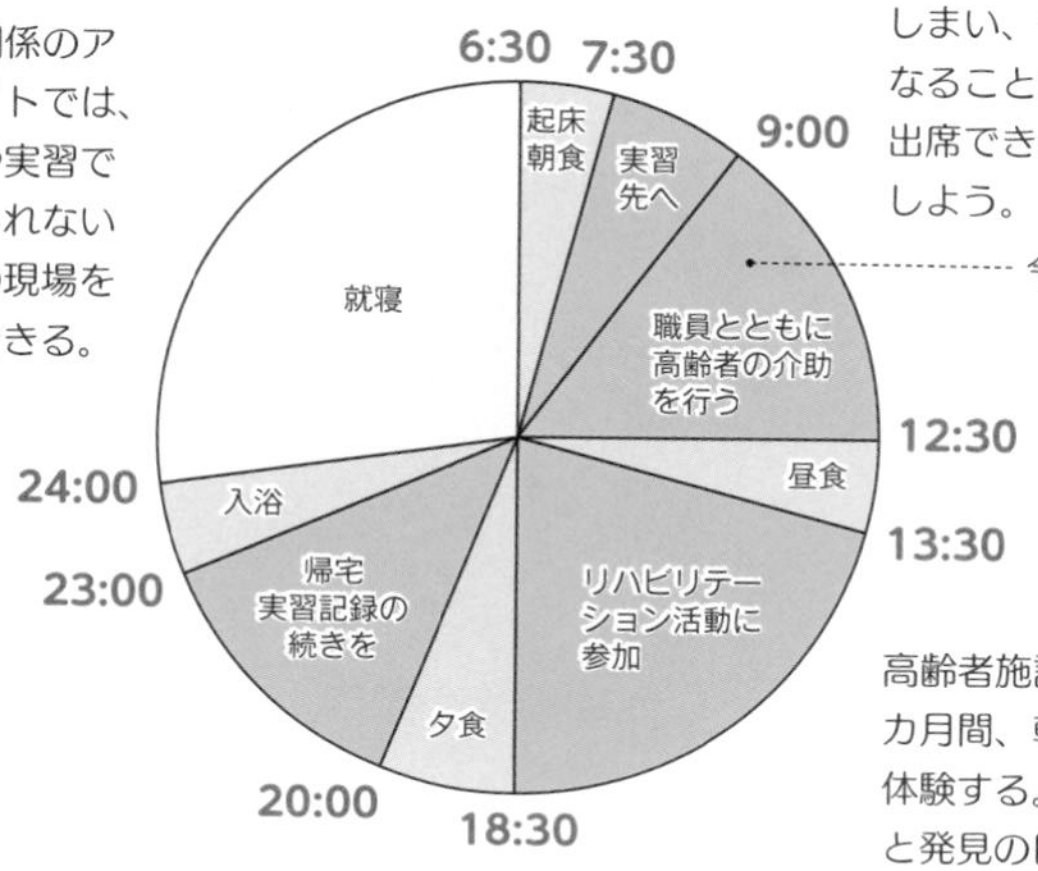

高齢者施設などの実習は、約1カ月間、朝から夕方まで現場を体験する。毎日が新しい出会いと発見の日々だよ。

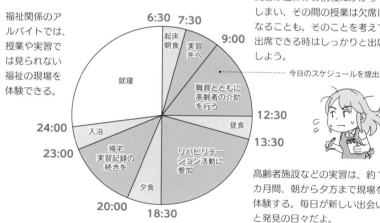

早いところだと1年生から実習が始まるけれど、実習期間のスケジュールはふだんと違《ちが》ってくるよ。朝から夕方までひとつの施設《しせつ》などで現場体験をするから、その間は授業にも出られないし、アルバイトなども休むことになる。帰宅後はその日の実習記録をつけたりしなくてはならないから、ほかのことに気を取られている暇《ひま》はないだろう。

4年生の一日はそれまでと違《ちが》ってくる

3年生までに必要な単位はほぼ取り終え、4年生になったら就職活動に専念する学生が多い。一日のスケジュールも、3年生までとはがらりと変わって、大学に来るよりは学外での活動のほうが多くなる。ただ、取得する資格によっては、4年生の夏休み期間に実習に行かなくてはならない場合もあるので、就職活動をする上では予定しておいたほうがいい。社会福祉士や介護《かいご》福祉士などの国家試験は卒業前に行われるため、4年生の秋からは試験勉強の追い込《こ》みになる。卒業論文のある学生は、並行《へいこう》して行う必要があるので、授業が少なくなってもひたすら勉強しなくてはならない時期なんだ。

Q14

入学から卒業までの流れを教えてください

まず福祉についてのベースをつくることから

1年生は社会福祉の基礎《きそ》を学ぶ時期なんだ。社会福祉概論《がいろん》や地域福祉論、ソーシャルワーク概論《がいろん》といった福祉の根本について勉強し、それが4年間の土台になっていく。とても大切な時期だから、気を抜《ぬ》かないようにしたい。

ほかにもサークル活動やアルバイトも始めるようになるだろうから、少しずつ大学生活に慣れていく時期でもある。特にサークル活動では先輩《せんぱい》とつきあうことで、これからの学生生活の流れを教えてもらえるから、十分に活用したいところだ。

2年生になると、さらに専門的な科目が増えてくるよ。この時期には、たとえば高齢《こうれい》者福祉や障がい者福祉から医療《いりょう》政策や地域経済まで、幅広《はばひろ》い福祉の裾野《すその》を学ぶことになる。そして、この時期に自分の関心がどこに向いているかを考えることになるんだ。ソーシャルワーカーの道に進みたいのか、行政の現場で働きたいのか、高齢者施設《こうれいしゃしせつ》なのか医療《いりょう》分

野なのか、そうしたことを考えていかなくてはならない。

将来を見据《みす》えて実習先を決める

3年生からは本格的な実習もスタートする。社会福祉士、精神保健福祉士の資格取得のための実習は、3、4年生の夏休みにかけて行われることが多い。ただ、実習先の都合によっては夏休み期間から外れることもあり、その時は受けられない授業も出てくるので、余裕《よゆう》をもって単位取得は考えるようにしておこう。

実習先については、2年生が終わる頃、大学に希望を伝えることが多いようだ。大学によってシステムが違《ちが》うが、たとえばゼミの内容によって実習先が決まったり、地域を分けて実習先を割り振《ふ》っていったりする。そうしたことも事前に調べておきたい。

もちろん、3年生になっても、まだ方向が決まっていない学生もいるだろう。実習先が高齢者施設《こうれいしゃしせつ》だからといって高齢《こうれい》者福祉に進まなくてはならないわけではないが、せっかくの長期間にわたる実習だから、将来を見据《みす》えて現場に行ったほうがいい。この時期は自分の関心を見つめ直す機会にしたいものだ。

二つの資格取得、あるいは三つの資格取得を考えている学生は、実習先もそれだけ増えてくるので、スケジュールをしっかり押《お》さえておこう。

4年生は就活と資格試験で多忙《たぼう》に

資格取得をめざす学生は、4年生になるとかなり忙《いそが》しくなる。必要な単位を取ってしまい授業を受けることは減っても、実習と並行《へいこう》して就職活動が始まるからだ。大学の就職課に顔を出す機会が増えるだろうし、同級生などと情報交換《こうかん》することも多くなる。

役所などの行政機関は募集《ぼしゅう》の時期が一定しているが、福祉関係の施設《しせつ》や団体は職員の数が少ないため、不定期に募《ぼ》集《しゅう》されることも多い。そのため、希望する就職先の情報は小まめにチェックしておこう。

4年生の夏休みあたりからは、卒業論

入学から卒業まで

1年生
2年生
3年生
4年生
春
夏
秋
冬
入学式
オリエンテーション
資格取得のための実習の準備
資格取得のための実習の準備
卒業研究・論文
夏休みに留学する学生も
実習
実習
秋には学園祭も！
実習先の希望を提出
試験勉強
国家試験

文を書かなくてはならない学生は図書館で調べ物をすることが多くなる。

そして、資格取得を希望すると、ここに試験勉強が加わる。資格取得を前提として就職先から内定をもらっている場合には、必ず資格試験に合格しなくてはならない。その緊《きん》張《ちょう》感があるから、必死で勉強できるとも言える。

忙《いそが》しくなっても息《いき》抜《ぬ》きは必要だ

4年生になると、サークル活動はすでに終えていることが多い。ただ、就職活動や試験勉強が忙《いそが》しくなっても、ボランティアやアルバイトは続ける学生は多いようだ。こうした活動が息《いき》抜《ぬ》きになって就職活動や試験勉強に力を発揮できるから、多忙《たぼう》だからといって辞めてしまうかどうかを簡単に決めないほうがいいだろう。

社会福祉学部であっても、福祉関係ではなく一般《いっぱん》企業《きぎょう》への就職を考える学生も少なくない。そうした企《き》業《ぎょう》の就職活動はスタート時期が早いので、まわりとはペースが違《ちが》ってくる。あくまで自分のペースを考えて行動していきたい。

学生インタビュー 1

県立大学独自のサークルで、個性的な福祉を

神奈川県立保健福祉大学《かながわけんりつほけんふくしだいがく》
保健福祉学部社会福祉学科　4年生
澤田依里《さわだえり》さん

岐阜《ぎふ》県出身の澤田さん。神奈川県に住む親戚《しんせき》の紹介《しょうかい》で、大学入学と同時に、障がい児を対象としたデイサービス施設《しせつ》でアルバイトを始めた。大学での学びと４年間のアルバイトの経験が、「福祉」を考える大きな力になったという。

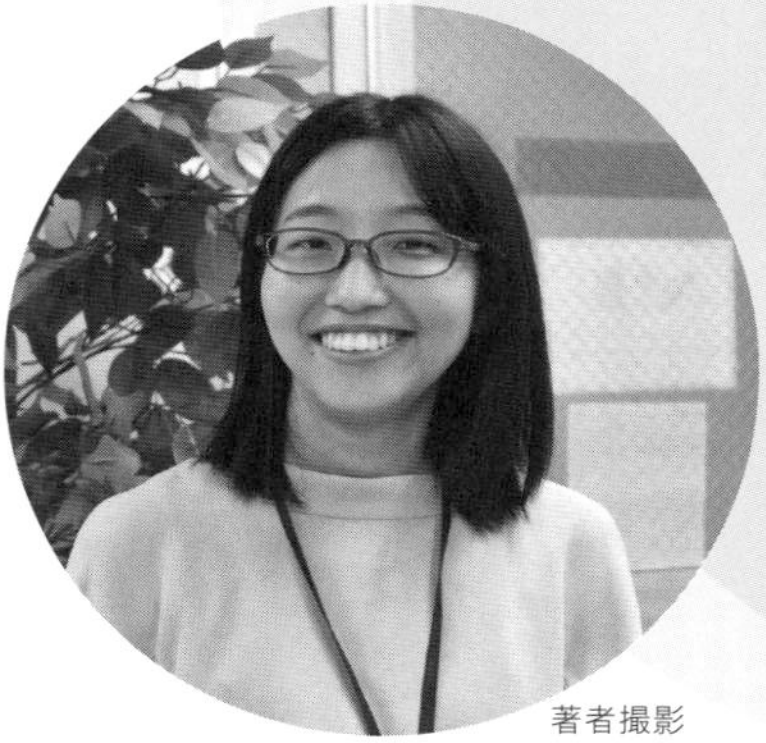
著者撮影

身近な人の障がいから福祉に関心を

私には自閉症《しょう》の従兄弟《いとこ》がいます。彼《かれ》がきっかけで社会福祉の分野に進もうと決意してからは、福祉一本に絞《しぼ》りました。ほかの学部、学科に進むことはまったく考えていませんでした（笑）。

高校3年生の時、私立大学と神奈川県立保健福祉大学（県立大学）のオープンキャンパスを訪れました。県立大学は、カリキュラムの充実《じゅうじつ》さと、キャンパスの雰囲気《ふんいき》に惹《ひ》かれました。県立大学に必ず行くんだと決めて、必死に受験勉強に取り組みました。無事に合格した時はホッとしました。

大学入学と同時に始めたアルバイトは、小学1年生から高校生までの障がい児を対象とした、「放課後等デイサービス」という事業

を行う施設《しせつ》です。

通ってくるのは主に発達障がいの子どもたち。いっしょに遊んだり、運動をしたり、昼食をつくったり、買い出しに行ったり。それが他人とのコミュニケーションを円滑《えんかつ》に進める訓練になり、一日を穏やかに過ごすことにつながると思っています。このアルバイトで一人ひとりの生活や生きづらさ、親の思いを知ることができてとても勉強になりました。また、福祉の現場で働くことも、少しずつイメージできるようにもなりました。

高齢者《こうれい》が多く住む団地と連携《れんけい》した活動

3年生になった時には引っ越《こ》した先でサークル活動にも参加しました。ちょっと変わっていて、県立大学特有のものなんです。「浦賀《うらが》団地地域活性サポーター（UDKS）」といって、大学から30分ほどのところにある浦賀団地の地域活性化に従事するという活動です。団地と大学とが提携《ていけい》して始めた事業で、毎年数人ずつ、県立大学の学生が入居しており、リノベーションされた部屋で学生はとても住みやすいです。

団地の入居者が高齢《こうれい》化してきています。そのため、学生が実際に住みながらいっしょに団地や地域の活性化を図ろうというものです。

一昨年は21人の学生が入居していました。社会福祉学科だけでなく、看護学科やリハビリテーション学科、栄養学科の学生も参加しています。

活動内容は自分たちで考えて、団地の自治会と公社の協力を得て実施《じっし》します。たとえば、ロコモティブシンドローム（運動器の機能が衰《おとろ》え、移動しにくくなる状態）予防のためのイベントを開催《かいさい》したり、骨粗鬆症《こつそそうしょう》や低栄養を予防するためのレシピをつくって試食会を開いたりします。あるいは「どんぶりの会」といって、入居者の方々に丼《どんぶり》を持ってきてもらって学生と地域住民とでともにつくった食事をふるまう、いわば「地域食堂」を開いたりしています。

実習が大きな位置を占《し》める

社会福祉学科では、社会福祉士の資格が取れます。その場合、3年生で実習があり、4年生で国家試験があるのですが、試験は難しいのでかなり勉強しなくてはなりません。

これに加えて県立大学では、精神保健福祉士コースと介護《かいご》福祉士コースがあり、いずれも定員が20名になります。私は障がい福祉にたずさわりたいと思っていたので精神保健福祉士コースを取りました。このコースでは4年生の夏に実習があり、年が明けてから社会福祉士とともに国家試験となります。

社会福祉という学問は、講義も大切ですが、実習で大きな学びや気付きが得られます。

精神保健福祉士の実習では、成人の障がい者を対象にした就労継続支援《けいぞくしえん》A型の事業所に行きました。A型というのは障がいや難病のある方が雇用契約《けいやく》を結んで働くことができる障がい福祉サービスのうちのひとつです。ここに3週間通って、どのような支援《しえん》が行われているのかや、専門職に求められていることを学びました。

私がめざす精神保健福祉士像

私は4月から精神保健福祉士として、精神科クリニックで働きます。

学生インタビュー

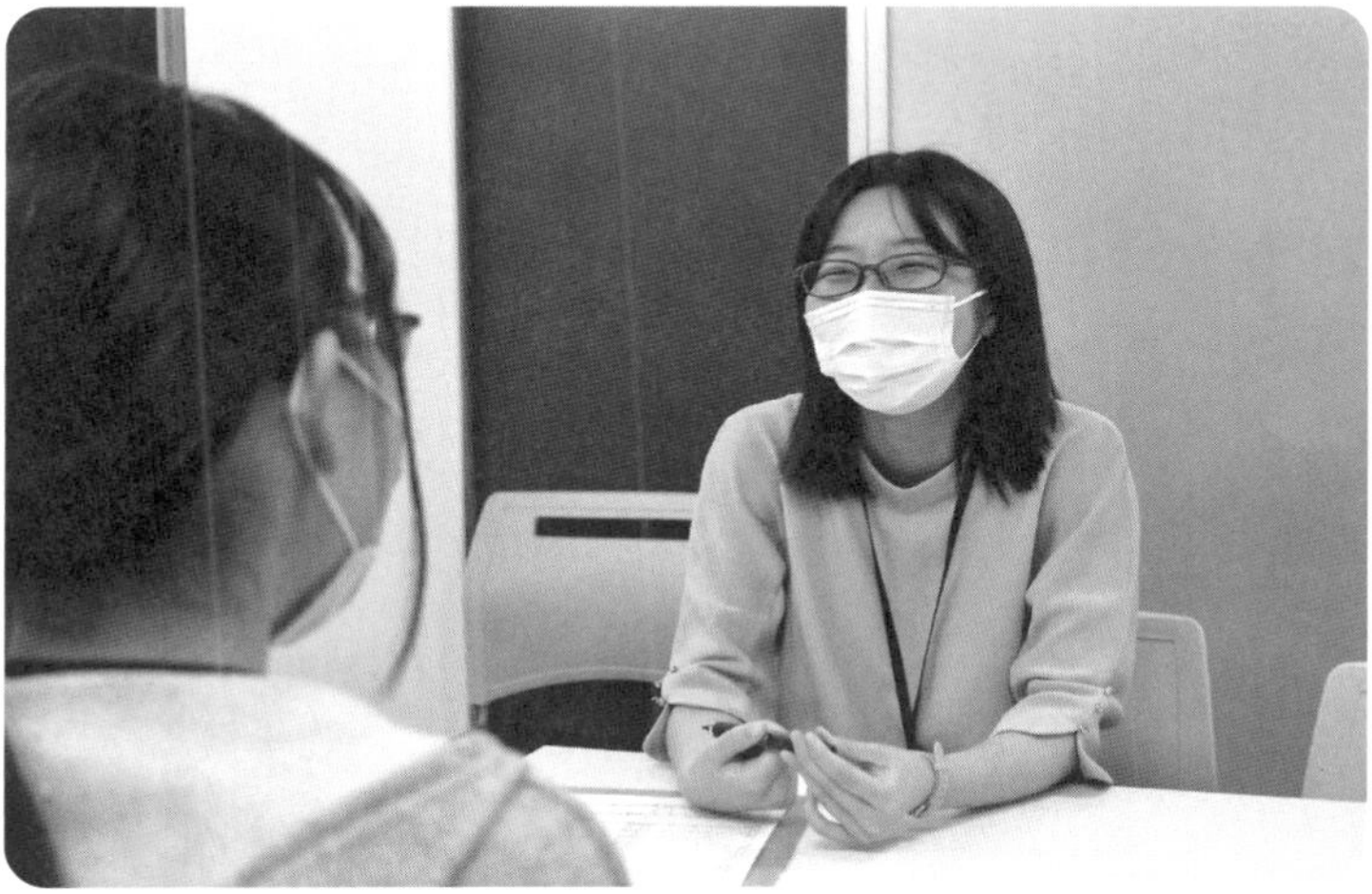

精神保健福祉の勉強は楽しいです！　取材先提供

将来は障がいがあってもなくても、みんなが笑顔で暮《く》らせるように、支援《しえん》していきたいと思っています。

社会福祉を学ぶにあたり、大切なのは興味をもつことだと思います。障がいのある方々は、自身の思いや希望を言葉にして伝えることが難しい人もいます。そのような方々に対して、同じ歩幅でかかわり続けていくことが大切だと思います。

福祉と聞くと、介護《かいご》のイメージが強いかもしれませんが、福祉とは非常に幅《はば》が広い分野で、さまざまな方の支援《しえん》にたずさわっていく専門職です。まずは一度、福祉の現場を見学して、福祉について知っていただけるとうれしいです。

ぜひ一歩を踏み出してみてください。

福祉の世界の広大さが、さらなる学びにつながる

学生インタビュー 2

著者撮影

法政大学《ほうせいだいがく》
現代福祉学部福祉コミュニティ学科　3年生
番場《ばんば》 瑶《よう》さん

中学はサッカー、高校はハンドボールに熱中していた番場さん。将来の夢《ゆめ》は「福祉関係の仕事」と、大学選びはその視点から選択《せんたく》。ボランティアサークルにも所属して、月に一度のボランティアを続けている。現場を知るほど、さらに学ぶことが見えてきて、毎日が勉強だと感じている。

身近な人によって福祉に目覚める

かなり早い時期から、福祉の道に進みたいと思っていました。実は3歳《さい》上の兄が自閉症《しょう》なのです。幼い頃から「何かおかしいな」とは思っていました。ただ、早い時期に母親が「生まれつきの障がいなのだ」と教えてくれたので、幼いながらに理解はしていました。

それでも、小さい頃はイヤでした。同じ小学校に通っていたため、バレないように気をつけたりして。でも、めずらしい苗字《みょうじ》なので隠《かく》しようもなかったのですが（笑）。

兄は地元の公立中学校に通い、高校からは特別支援《しえん》学校に進みました。僕《ぼく》も、兄や母といっしょに障がい児教育の教室などを見る機会がありました。そのうち少しずつ病気のことや障がいのことがわかってきます。すると、

兄のことを気にかけるようになり、障がいのある人たちへの支援《しえん》に関心が出てきたのです。それで、なんとなく福祉系の仕事に就きたいなと思うようになりました。

高校時代には、志望は福祉学部一本に固まっていて、ほかの道はまったく考えませんでした。3年生になる頃には、私立大学の3校に絞《しぼ》っていました。

早くから受験勉強も始めていたのですが、通っていた高校で法政大学の指定校推薦《すいせん》を受けられることになって「チャンスだ」と。成績ではボーダーライン上でしたから。学内推《すい》薦《せん》を勝ち取って大学の面接試験を受けて、12月には合格の知らせが届きました。

多種多様な支援《しえん》を必要とする人たち

大学では1年生から福祉関係の授業があり、2年生から本格的に福祉を学びます。社会福祉士の資格を取るなら、3年生で実習を選ばなくてはなりません。資格を取得しない学生も多くて、その場合、実習は取りません。

3年生の実習では1カ月ほど、市役所の福祉行政を見させてもらいました。そこで高齢《こうれい》者施設《しせつ》（デイサービス）、障がい者施設《しせつ》、それに生活保護を扱《あつか》う部署、最後は子ども家庭支援《しえん》センターも体験できました。

僕《ぼく》は、福祉というと障がい者支援《しえん》を中心にとらえていましたが、この実習で大きく変わりましたね。高齢《こうれい》者や子ども、それに生活保護を必要とする家庭などの支援《しえん》も視野に入ってきたのです。福祉というのは、間口の広い分野だとあらためて気付きました。

一方で、2年生の時からアルバイトでホームヘルパーもしています。週に2回、障がい者のお宅に派遣《はけん》されていくのですが、1回は夜勤で脳性麻痺《まひ》の男性の支援《しえん》をしています。夜10時から朝9時まで、身体介護《かいご》のほかにも食事をつくったり、その方がパソコンを使うお仕事なので、代わりにパソコンを打ったりもしています。

このアルバイトで、男性がオーダーメードの車椅子《くるまいす》を使うのを見せていただきました。首で操作できる、かなり高性能の機器です。機器ひとつで、本人も楽しめるようになりますし、生活そのものが充実《じゅうじつ》してきます。

その姿を見ていて、福祉用具への関心も強まってきました。今は福祉用具業界で働きたいと思い始めています。

海外研修で日本の福祉を見つめ直す

法政大学に特徴的《とくちょうてき》なものとして、2年生で行われるスウェーデンへの海外研修があります。希望者から選抜《せんばつ》された30名が行くことができます。選考基準は成績と論文審査《しんさ》です。選ばれると、旅行費用（30万円ほど）の半額を負担してもらえます。期間は8月から9月にかけての2週間。北欧《ほくおう》の福祉の最先端《さいせんたん》を見ることができるので、とても有意義です。

2年生で実施《じっし》されるため、入学時には研修のことを知っておいたほうがいいでしょう。準備には時間がかかりますから。僕《ぼく》も入学前から知っていたので、2年生になってすぐに申し込《こ》みました。運よく選ばれて、2週間、スウェーデンの福祉を見ることができました。

行政機関の福祉課、障がい者の作業所、あるいは大学で福祉を学ぶ学生との交流など、盛《も》りだくさんでした。

もっとも印象的だったのは、ストックホル

料金受取人払郵便

本郷局承認

5596

差出有効期間
2024年8月31日
まで

郵便はがき

113-8790

(受取人)
東京都文京区本郷1・28・36

株式会社 ぺりかん社

一般書編集部行

購入申込書	※当社刊行物のご注文にご利用ください。
書名	定価[円+税] 部数[部]
書名	定価[円+税] 部数[部]
書名	定価[円+税] 部数[部]

●購入方法をお選び下さい(□にチェック)	□直接購入(代金引き換えとなります。送料+代引手数料で900円+税が別途かかります) □書店経由(本状を書店にお渡し下さるか、下欄に書店ご指定の上、ご投函下さい)	番線印(書店使用欄)
書店名		
書店所在地		

書店様へ:本状でお申込みがございましたら、番線印を押印の上ご投函下さい。

※ご購読ありがとうございました。今後の企画・編集の参考にさせていただきますので、ご意見・ご感想をお聞かせください。

アンケートはwebページでも受け付けています。

URL http://www.perikansha.co.jp/qa.html

書名	No.

●この本を何でお知りになりましたか?

□書店で見て　□図書館で見て　□先生に勧められて
□DMで　□インターネットで
□その他 [　　　]

●この本へのご感想をお聞かせください

・内容のわかりやすさは?　□難しい　□ちょうどよい　□やさしい
・文章・漢字の量は?　□多い　□普通　□少ない
・文字の大きさは?　□大きい　□ちょうどよい　□小さい
・カバーデザインやページレイアウトは?　□好き　□普通　□嫌い
・この本でよかった項目 [　　　]
・この本で悪かった項目 [　　　]

●興味のある分野を教えてください（あてはまる項目に○。複数回答可）。
また、シリーズに入れてほしい職業は?

医療　福祉　教育　子ども　動植物　機械・電気・化学　乗り物　宇宙　建築　環境
食　旅行　Web・ゲーム・アニメ　美容　スポーツ　ファッション・アート　マスコミ
音楽　ビジネス・経営　語学　公務員　政治・法律　その他
シリーズに入れてほしい職業 [　　　]

●進路を考えるときに知りたいことはどんなことですか?

[　　　]

●今後、どのようなテーマ・内容の本が読みたいですか?

[　　　]

お名前	ふりがな [　　歳] [男・女]	ご職業・学校名	
ご住所	〒[　　－　　]　TEL.[　　－　　－　　]		
お買上書店名	市・区 町・村　　書店		

ご協力ありがとうございました。詳しくお書きいただいた方には抽選で粗品を進呈いたします。

学生インタビュー

スウェーデンの海外研修　取材先提供

ムでもどこでも、町の中に段差がないことです。店に入るのも、道路と同じ高さになっているので引っかかることがないのです。バリアフリーに関する徹底《てってい》ぶりは、日本とかなり違《ちが》っていました。

海外の福祉行政にふれることは、とてもいい刺激《しげき》になります。北欧《ほくおう》に限らず、関心のある国に行って、少しでも福祉の在り方にふれてみるのはお勧《すす》めです。

現代福祉学部は、学部の特性かどうかはわかりませんが、優しい人が多い気がします。あと落ち着いた感じがある。

これは、福祉というものがコミュニケーション能力を必要とするためでしょう。他人とのコミュニケーションが好きだったり、得意な人は、ぜひ福祉を学んでみたらいかがでしょうか。

学生インタビュー
3

人とアナログでつながることが福祉の醍醐味

立教大学《りっきょうだいがく》
コミュニティ福祉学部福祉学科　4年生
吉田《よしだ》　葵《あおい》さん

中学、高校と演劇部に所属。特に高校時代は部長として部員たちを引っ張り、連日の猛《もう》練習もこなしてきた。その結果、コンクールでは関東大会まで進むことができた。そこで培《つちか》った自信は、さまざまな活動に役立っているという。

編集部撮影

困っている友だちに何ができるのか

福祉学科を選んだきっかけは、ひとつは自分の性格です。中学時代から学級委員をしていて、クラスの中に誰《だれ》か一人ポツンと離《はな》れていたり、行事に入ってこられない人がいると、もやもやした気持ちになるんです。そういう人に対して、「みんなでいっしょに楽しもうよ」と仲間に入れる方法を考える。おせっかいと言えば、おせっかいですけど。

もうひとつのきっかけは、やはり中学時代の友人です。転校生で、私から話しかけて仲良くなりました。父親のＤＶ（ドメスティック・バイオレンス）のため、母親とともに逃《に》げるようにして引っ越《こ》してきたそうです。

いろいろな生活環境《かんきょう》があり、悩んでいる同世代の人がいることにあらためて気付かされました。大学で何を学ぼうかと考えた時に、その友人のことが浮《う》かんだのです。私に何かできることはなかったか、と。

それで、とことん福祉という学問を学んで、福祉のなかでも児童のかかえる問題と向き合ってみたいと思ったのです。ですから「児童相談所の職員になりたい」と、希望をもちました。今は視野が広がって、児童福祉のさまざまな仕事に興味をもっています。

福祉学部のある大学は少なくて、そのなかでも私の学力で行けるところを探しました。オープンキャンパスに行き、先生の講義を聞いてみて、関心をもったのが立教大学でした。

運よく私は演劇部での活動によって、AO入試（現・総合型選抜《せんばつ》入試）を受けることができました。一次試験が志望理由書、二次が面接で、12月には入学が決まっていました。

実習に行くために必要な単位を取得

大学での授業は、ほかの学部より「福祉」という分野において専門的だという気がします。文学や経済などは、先生によってとらえ方も違《ちが》えば、立場も違《ちが》うでしょう。でも、福祉というのは、根本的な理念はどの先生でも同じなんです。「命は平等である」、「福祉はすべての人の人間らしさを守るため」と、根底にあるものはいっしょです。それだけに各授業では、福祉という分野の特性をさらに深く学んでいき、専門性が強くなります。

私は社会福祉士の資格を取ろうと決めていたので、3年生で実習を受けました。ただ、立教大学では資格取得は必修ではないので、取らない人もいます。そうした学生は実習に行く必要もありません。

福祉学科でも福祉に関連した職種に就く人は少なく、一般企業《いっぱんきぎょう》や公務員（公務員福祉職を含《ふく》む）になっています。

実習では夏休み中に15日間、児童相談所に行きました。その時は、相談に来た子どもや親の話を直に聞くことはできませんでしたが、児童相談所ではどのようなことをするかを解説してもらったり、毎日3、4件入ってくる保護依頼《いらい》に対する会議を見せてもらったりしました。

また、保護された事案について、説明を聞くことができました。どのような経緯《けいい》で保護されたのか、その子どもたちがどのような生活環境《かんきょう》にあったのか、理解《りかい》が深《ふか》まりました。そうした事例にふれることができたことで、具体的な相談の内容がわかり、とても勉強になりました。

福祉のアルバイトも経験して

大学での授業は、科目によっては単位が足りないと実習に参加できない場合もあります。立教大学の場合、児童福祉論、医学福祉論などは3年生までに単位を取らないと実習に行けなくなるので必死です。

もちろん、勉強ばかりでは大学生活は味気ないですよね。私は大学でも、演劇サークルで演出を担当していました。

また、ある社会福祉法人の母子生活支援施《しえんし》設《せつ》で週に1回アルバイトをしたり、重度障がい者の介助《かいじょ》のアルバイトもしています。60代後半の女性で、首から下は動かすことができません。着替《きが》えなどを手伝うのですが、私は夜勤を担当。この方との出会いも、障がい者について考えるきっかけになりましたね。

学生インタビュー

児童領域の福祉施設実習に備えて調理を練習しました　取材先提供

就職は、アルバイトをしていた社会福祉法人に決まりました。児童養護施設《しせつ》と母子生活支援施設《しえんしせつ》をもっており、どちらの配属になるかはまだわかりませんが、目の前にいる人を大切にしながらがんばりたいです。

福祉には他人とかかわることの怖《こわ》さもあり、そこが醍醐味《だいごみ》でもあるのでしょう。認めたくなくても、自分の内にある偏見《へんけん》や差別意識と向き合わねばなりません。そこにも怖《こわ》さがあります。ただ、その怖《こわ》さを知ると、他人にも自分にも今までと違《ちが》った優しい気持ちになれます。私は両親など、身近な人への対し方も変わってきた気がします。

私が熱中してきた演劇も、アナログの世界です。人と人が向き合い、言葉で他人とつながっていく。福祉も、とってもアナログの世界でしょう。そこが魅力《みりょく》なんだと思いますよ。

介護福祉士と社会福祉士の資格取得に挑む

学生インタビュー 4

東洋大学《とうようだいがく》
ライフデザイン学部生活支援学科
生活支援学専攻　3年生
竹内琉馬《たけうちりゅうま》さん

本人提供

中学、高校と吹奏楽《すいそうがく》部に所属し、高校では副部長を務める。担当はトランペット。福祉を学び、いくつかの施設《しせつ》で実習を経験してみて、高齢《こうれい》者や障がい者施設《しせつ》の運営にも、部活動での経験が活かされることがわかったという。

姉の世話をする母を見て育つ

社会福祉という分野とかかわるきっかけになったのは家族です。僕《ぼく》の父は早くに亡くなっていて、母が介護施設《しせつ》で働いています。兄と姉がいますが、その姉に知的障がいと身体障がいがあり、車椅子《くるまいす》での移動を余儀《よぎ》なくされています。長くいっしょに暮《く》らしていましたが、主に面倒を見ていた祖母が病に倒れたことで、今は障がい者施設《しせつ》に入っています。

姉とはかなり年が離《はな》れていて、僕《ぼく》は小さな頃から姉の通う養護学校や、そこで行われるイベントにもよく連れて行ってもらいました。ですから、障がいや介護《かいご》、さらには福祉というものに早くからふれていたのですね。あまり意識していませんでしたが（笑）。

その後も明確な目標にしていたわけではな

いのですが、高校3年生の進路選択で、はじめて「福祉」なら興味をもって学べるかなと思い、福祉学部のある大学を探したのです。

特に東洋大学が魅力的《みりょくてき》に映り、推薦《すいせん》で受験することにしました。作文と面接ですが、作文では福祉に関する社会問題に注目して、毎日800字程度の文章を書くようにしていました。担任の先生に相談して、テーマについてアドバイスを受けたり、文章の添削《てんさく》もしてもらいました。その年の冬に合格が決まった時はうれしかったですね。

見聞は一カ所に留まらないように

僕《ぼく》の場合、結局は姉の通う養護学校で見た職員の方の仕事ぶりが「福祉」のイメージとして固まっていました。ですから、介護《かいご》の基本は身体の介助《かいじょ》や、肉体を使う仕事であると思っていたのです。

ところが授業を受けると、僕《ぼく》の見てきたことは福祉のなかの一部分でしかないことがわかりました。働く場も施設《しせつ》だけでなく、行政もあれば一般《いっぱん》企業《きぎょう》もある。また、障がい者だけでなく高齢《こうれい》者や子ども、さらには健常者の「生活」も扱《あつか》うことになり、幅《はば》が広《ひろ》いということを知ったのです。それだけに学んでいても楽しく、常に新しい発見がありました。

介護《かいご》のコースでは1年目から実習があります。1年生は高齢《こうれい》者のデイサービスなどで、2年生では特別養護老人ホーム（特養）。3年生で障がい者施設《しせつ》、4年生では居宅介護《かいご》と、介護《かいご》に関して広く学ぶことができます。

実習では、どうすれば利用者のニーズに応えられるか、いろいろな側面から考えます。介助《かいじょ》方法ひとつとっても、おたがいの身体に負担が少ないやり方を工夫していきます。

　３年生の障がい者支援《しえん》施設《しせつ》での実習では、先入観が打ち砕《くだ》かれました。障がい者の施設《しせつ》といえば、姉との関連で知的障がい者のイメージがあったのですが、この施設《しせつ》は身体障がいの人が主で、脳血管の疾患《しっかん》でマヒが残った人などが多く入所していました。介護《かいご》の仕方も人により異なりますし、利用者のニーズも違《ちが》ってきます。幅広《はばひろ》く体験して、自分に合ったところを見つける大切さを実感しました。

学んでいくと、さらに学びたくなる

　僕《ぼく》は介護《かいご》福祉士と社会福祉士の二つの資格を取得しようと思っています。試験では、出題範囲《はんい》が重なっている部分が多いので、より難しい社会福祉士に焦点《しょうてん》を当てて勉強しておき、介護《かいご》のほうは技術について学んでおくと、取りやすいようです。

　将来は、まず高齢《こうれい》者の支援《しえん》にたずさわりたいと思っています。歩けない高齢《こうれい》者が歩けるようになるなど、目に見える形で成果を確認できる仕事が向いていると思えましたので。寝《ね》たきりの人が歩けるようになるため、どのようなサポートが可能かを考えます。食生活の改善やリハビリも必要ですし、生活リズムを変えていくことも大事でしょう。介護《かいご》福祉士だけでなく、ほかの職種の方々と連携《れんけい》しながら、目標を実現させていくのです。

　また、最近学んだことで、認知症《しょう》の方への音楽療法《りょうほう》にも関心があります。音楽が好きなので、その音楽を使った支援《しえん》に、ぜひ取り組んでみたいと思っています。

　大学で福祉を学ぶことは、実習もあって大変だというイメージをもたれるかもしれませ

学生インタビュー

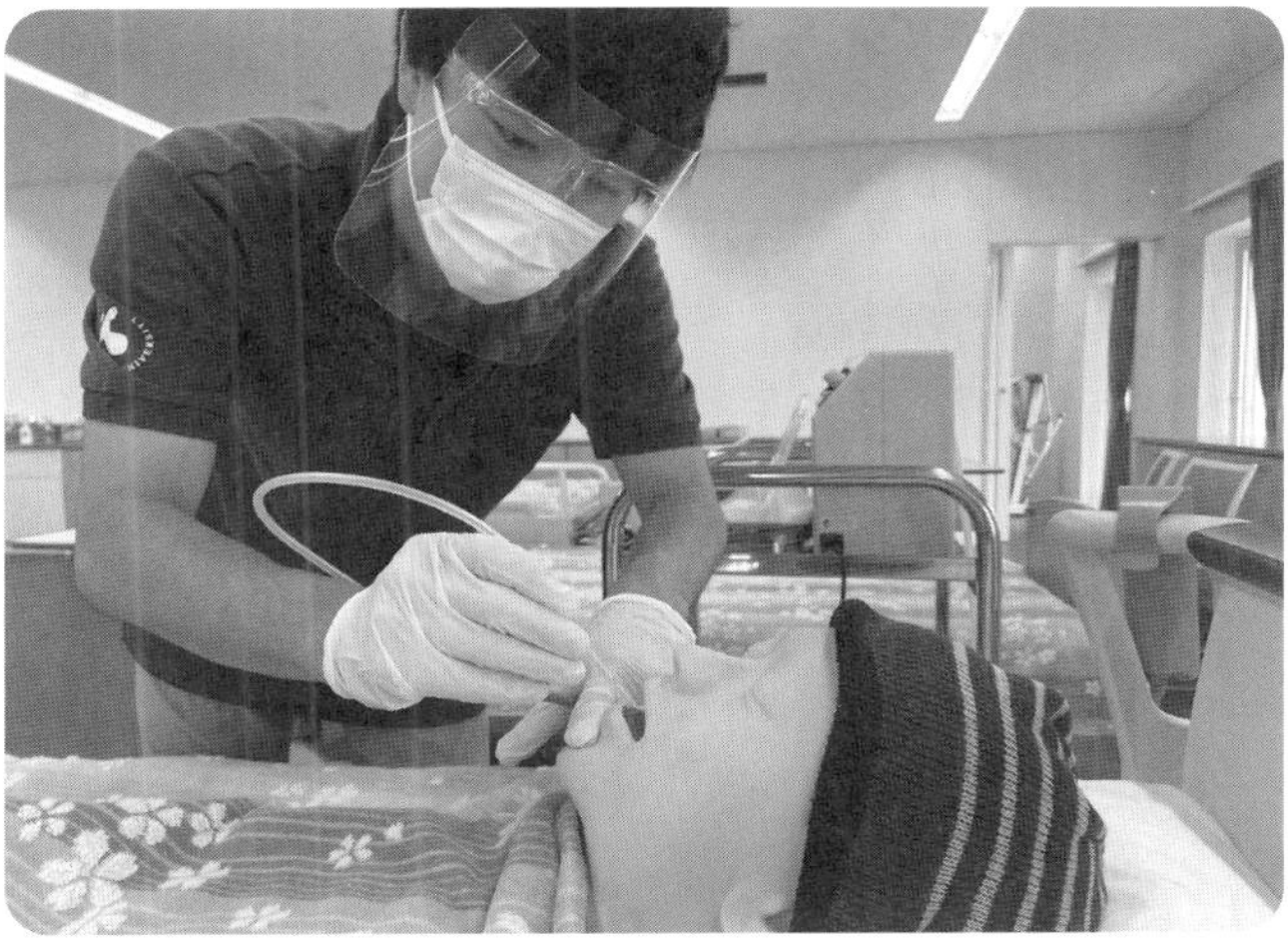

医療的ケア授業では口腔内吸引などを学びます　本人提供

んが、自分でいろいろと試したい人には向いている分野だと感じています。

同じ障がいや病気であっても、生活環境《かんきょう》や本人の性格により支援《しえん》内容が変わります。まったく同じものがないことがおもしろいですし、やりがいに結びつくような気がします。

一方で、教室で学んだ知識が、現場に出ると通用しないことも多くありました。実は介《かい》護《ご》技術の授業で、僕《ぼく》は身体介護《かいご》の試験は満点だったのです。ところが実習で施設《しせつ》に行ってみると、一人ひとりの方の身体条件が違《ちが》うことに気付きます。ひざが曲がらなかったり、体重が重かったり。そのつど、最適の方法を考えることになりました。授業では基本を学び、応用するために現場で工夫を重ねる。そのくり返しを楽しめる人なら、きっと福祉という分野を楽しいと感じるでしょう。

4章

資格取得や卒業後の就職先はどのようになっていますか？

Q15

卒業後に就く主な仕事はなんですか？

いろいろな職場にある福祉関係の仕事

社会福祉士などの資格取得をめざす学生が大勢いる大学は福祉関係の仕事に就く人が多く、資格を取らない学生が多いところでは一般《いっぱん》企業《きぎょう》に就職する人が多くなる傾向《けいこう》があるんだ。実習をともなう資格取得に力を注ぐ学生は、早くから福祉に興味をもち、福祉の現場での将来像を思い描《えが》いているケースが多いようだ。

福祉関係の仕事といっても大きく分けると、ソーシャルワークと介護《かいご》や保育、そして地域福祉の担い手ということになる。これらは働く場所の違《ちが》いというわけではなく、たとえば社会福祉士の資格をもっていれば高齢者施設《こうれいしゃしせつ》でも病院でもソーシャルワーカーとして働くことが可能となる。

福祉の仕事はひとつに括《くく》りきれないほど多様であるから、4年生になっても、どのような仕事に就こうかと悩《なや》んでしまうこともあるんだ。

相談を受けるソーシャルワーカー

ほとんどの大学の社会福祉学部では、ソーシャルワークについての授業にかなり時間を費やしている。概論《がいろん》から演習まで、ソーシャルワークの全体像を学べるようになっている。高齢者施設《こうれいしゃしせつ》や障がい者施設《しせつ》、病院などに勤務し、利用者や患者《かんじゃ》がどのようなことに悩《なや》んだり困難を感じているかを聞き取り、アドバイスを行うのが仕事だ。直接に介護《かいご》をしたり、生活支援《しえん》をするわけではないが、介護《かいご》の方法や行政によって受けられるサービス、サービスにかかる費用についてなど、さまざまな事柄《ことがら》を把握《はあく》しておかなければならない。

資格としては社会福祉士、精神保健福祉士などが必要になってくる。

就職先は、老人ホームなどの高齢者施設《こうれいしゃしせつ》、障がい者施設《しせつ》、総合病院などがある。ソーシャルワーカーを必要とするのは、ある程度の規模をもつ施設《しせつ》や団体である。なお、最近では学校に勤務するスクールソーシャルワーカーも注目されているが、こちらは社会福祉士や精神保健福祉士、臨床《りんしょう》心理士などの資格にプラスしてスクールソーシャルワーカーとしての課程を修めなくてはならない。スクールカウンセラーが主に児童や生徒の心のケアにたずさわるのに対して、スクールソーシャルワーカーは環境《かんきょう》を整えることで、子どもたちの悩《なや》みごとを解消しようとするんだ。

直接、手助けをする介護《かいご》スタッフ、保育士

支援《しえん》を必要とする人たちに対して、具体的に手を貸すなどして、困りごとを解消するのが介護《かいご》スタッフや保育士などの役割だ。

介護《かいご》福祉士としての仕事は、一人では自立した生活が営めない高齢《こうれい》者や障がい者のための身体介助《かいじょ》を行ったり（食事や排泄《はいせつ》の手助け）、買い物や掃除《そうじ》といった日常の作業の手伝いをする生活援助《えんじょ》とがある。高齢者施設《こうれいしゃしせつ》や障がい者施設《しせつ》などに勤める場合は、身体介助《かいじょ》が主な仕事となるだろう。こうした施設《しせつ》では、身体介助《かいじょ》以外の援助《えんじょ》は無資格でも行えるため、介護《かいご》に関する知識や経験をもたない人もいる。そのため、介護《かいご》福祉士がスタッフを束《たば》ねるリーダーとなって現場を任されることが多い。

保育園だけでなく、児童養護施設《しせつ》などで子どもの世話をする仕事が保育士だ。特に児童養護施設《しせつ》は両親と離《はな》された子どもたちが暮《く》らす「家」なので、保護者のように接しながら、同時に福祉を担うプロとしての目ももたなくてはならない。

これらは困っている人たちを直接手助けするのが仕事だ。感謝されることもあるが、逆に反発されることもあり、気苦労も少なくはない。ただ、一人では行えないことを介助《かいじょ》することで満足してもらえるのは確かだから、そのことに喜びを見出せるだろう。

地域の福祉活動を進めていく仕事

福祉関係の団体、たとえば社会福祉協議会に勤めるケースもある。社会福祉協議会は社会福祉活動を目的とした民間組織で、都道府県や市町村に設置されている。福祉サービスの相談、ボランティア団体との連携《れんけい》や支援《しえん》、高齢《こうれい》者や障がい者のための訪問介護《かいご》など、とにかく広範《こうはん》な取り組みを行っているんだ。人員の補充《ほじゅう》がなされる時に募集《ぼしゅう》されたり、社会福祉士の資格が必要だったりするので、応募要項《おうぼようこう》はチェックしておきたい。

民間企業《きぎょう》でも社会福祉事業を営む団体はいろいろあり、そういうところに職員として勤める人も少なくない。特に高齢《こうれい》社会を反映して、高齢者施設《こうれいしゃしせつ》を運営する組織も多いので、募集状況《ぼしゅうじょうきょう》は調べておくほうがいいだろう。それ以外にも公務員になり、福祉課などで福祉にたずさわる人も多い。また、福祉と関係ないように見える一般企業《いっぱんきぎょう》に勤める場合もある。一般企業《いっぱんきぎょう》のなかには、高齢《こうれい》者や障がい者サービスのため福祉を学んだ人の採用を考えているケースがあるので、それも視野に入れておこう。

Q16 社会福祉学部で取りやすい資格を教えてください

社会福祉士、精神保健福祉士、介護《かいご》福祉士

福祉の代表的な国家資格の社会福祉士、精神保健福祉士、介護《かいご》福祉士は、多くの大学で取得可能だ。**いずれも必要な科目を履修《りしゅう》、福祉施設《しせつ》などでの実習を経て、受験資格が与《あた》えられる。**

在学中にこれら三つを取得するのは難しいだろう。特に介護《かいご》福祉士の実習は期間が長いため、社会福祉士などとのダブルライセンスならば可能な場合もあるが、それもかなり忙《いそが》しくなるのを覚悟《かくご》して臨まなくてはならない。

いずれの資格かひとつだけでも在学中に取ってから仕事に就き、働きながらほかの資格も受験するという人が多い。もちろん、それを見越《みこ》して在学中に必要な単位は履修《りしゅう》し、実習も終えておかなくてはならない。

三つとも1～2月に試験があるため、卒業間際の受験ということになる。すでに就職の

内定をもらっている場合には、まさに背水の陣《じん》で試験に臨まなくてはならない。

ほかに、心理学に重点を置いている学科であれば、新たに国家資格として誕生《たんじょう》した公認心理師も取得できる。これまで心の問題に対処する資格としては臨床《りんしょう》心理士が知られていたが、これは協会の実施《じっし》する民間資格であった。それに対して公認心理師のほうは初の国家資格であり、期待も高まっている。ただ、公認心理師も臨床《りんしょう》心理士も大学での指定科目の履修《りしゅう》に加えて大学院で学ばなくては、受験資格が与《あた》えられない。

子どもの福祉にたずさわる資格

児童福祉学科などでは、子どものための福祉に関する資格を取ることができる。ゼロ歳《さい》児から就学前までの子どもを保育する保育士、3歳《さい》から就学前までの子どもの保育と教育が可能な幼稚園教諭免許《ようちえんきょうゆめんきょ》があり、いずれも大学で規定の科目を履修《りしゅう》し実習を受ければ取得できる。なお、保育士のほうは、もし科目を履修《りしゅう》していなかった場合、資格試験を受けることも可能だ。ただ、合格率はかなり低いので注意したい。

ほかにも、教職課程を履修《りしゅう》して、教育実習を受けていれば中学校教諭《きょうゆ》の教員免許《めんきょ》も取得可能だ。ただ、ここでもほかの資格のための実習スケジュールとの兼《か》ね合いがあり、教職課程を取っていない学生も多い。

なじみは薄《うす》いが、公務員試験に合格した後、福祉関係の職に就く際に必要となる任用資格も多くの大学で取得可能だ。必要な科目を履修《りしゅう》していれば卒業と同時に取得可能である。社会福祉主事、社会教育主事、児童指導員、身体障害者福祉司、知的障害者福祉司、児童福祉司などがある。これらの資格は、仕事に就く際にだけ活かされる任用資格なので、とりあえず取っておくという人が多い。

学校などで活動するスクールソーシャルワーカーは、社会福祉士、精神保健福祉士の資格をもち、指定された養成機関の教育課程を修了《しゅうりょう》すると資格が得られる。臨床《りんしょう》心理士もスクールソーシャルワーカーに就けるが、指定大学院や専門

社会福祉学部で取得をめざせる主な資格

● 実習を含めた単位取得後に受験
社会福祉士
精神保健福祉士
介護福祉士

● 実習を含めた単位取得によって資格を取れる
保育士
幼稚園教諭免許
中学校教諭免許

● 単位を取得して卒業後、大学院で学んでから受験
公認心理師
臨床心理士

● 専門職に就く時に活かされる任用資格
社会福祉主事
社会教育主事
児童指導員
身体障害者福祉司
知的障害者福祉司
児童福祉司

＊取得できる資格は大学や学科によって違う。

職大学院で学ばなければならない。いずれも資格を取得した後、公立学校の場合は公務員採用試験に受かって、はじめてスクールソーシャルワーカーとしての仕事に就けるんだ。

社会に出てからも取れる資格

福祉の現場で働きながら取得する資格もあるので知っておこう。介護《かいご》の現場なら介護《かいご》職員初任者研修（かつてのホームヘルパー2級）、介護支援《かいごしえん》専門員（ケアマネジャー）、介護《かいご》予防運動指導員、福祉用具専門相談員などがある。いずれも一定時間の講習を受けることで資格が与《あた》えられるが、介護支援《かいごしえん》専門員は介護《かいご》保険を利用するためのケアプラン作成などを行うため、実務経験を積んでから試験を受ける。試験に合格した後に研修を受け、そこで資格を得ることになるんだ。働きながらの受験なので簡単に取れる資格ではないよ。

ほかにも、大学の他学部と同様に、図書館司書や博物館学芸員、学校図書館司書教諭《きょうゆ》などの資格も取ることができるが、福祉関係の仕事に関心がある学生はあまりこういった資格は取っていないようだ。

資格は必要な科目や実習スケジュールと相談しながら取得

Q17

意外な仕事でも活躍している先輩はいますか？

一般企業《いっぱんきぎょう》でも福祉の知識が活かされている

福祉系以外の企業《きぎょう》に就職する先輩《せんぱい》たちも多いけれど、よく見てみると、そうした企業《きぎょう》でも福祉の知識や技術が必要とされていることがわかるんだ。

たとえば、電機メーカーなどで新商品の開発をする際に、高齢《こうれい》者や障がい者だったらその製品をどのように使えるか、あるいは使えないかを知っておかなくてはならない。そのため、福祉系の大学で学んだ社員の知識が必要とされる。自動車や機械メーカーの製品でもそのような知識が必要とされている。

メーカーに限らず、ほかの企業《きぎょう》の行うサービスでも同じだよ。銀行のＡＴＭは、高齢《こうれい》者でもわかるような表示を工夫してみたり、目の不自由な人のための点字表記もつけていたりする。交通機関なら座席の位置や高さなどに工夫が必要だろうし、車椅子《くるまいす》の人の乗車するスペースを設けたりしている。

あらゆる分野でユニバーサルデザイン（誰《だれ》でも使いやすく工夫されたデザイン）が注目されているから、住宅建築や不動産などの大きなものから、調味料のビンの蓋《ふた》に至るまで、「誰《だれ》もが使いやすいと感じるもの」を追求しているんだ。意外なところでは、化粧品《けしょうひん》メーカーでも高齢《こうれい》者向けの製品をつくり出す際に福祉を学んだ人の知識を活用している。

福祉用具の開発は現場を知る人の手によって

福祉用具のメーカーで、新たな道具の開発にたずさわる人もいるんだ。車椅子《くるまいす》ひとつとっても、素材や人間工学の進化によって、昔《むかし》に比べると軽くて使いやすいものが増えている。これは利用者だけでなく、介助《かいじょ》する者にとっても望ましいことだ。以前なら、踏《ふみ》切《きり》内で車輪が線路に引っかかり立ち往生してしまう例も少なくなかったが、そうした事故も減少している。

こうした用具の開発には、工学系の知識をもった研究者やデザイナーだけでなく、福祉系の知識をもった人も必要になってくる。いろいろな立場から意見を出し合って、本当に使いやすい用具を生み出す努力をしているんだ。

用具の使い勝手などは実習やボランティアで高齢《こうれい》者や障がい者のお世話をしてみて、はじめてわかることでもある。そのような体験を活かしてもらおうということだね。

福祉に関する報道を正確に行う

なかにはマスコミ関係に就職する人もいるよ。新聞やテレビ局、出版社などでも、福祉に関する知識が活かされている。

日本では超高齢社会《ちょうこうれいしゃかい》の到来《とうらい》やSDGs（持続可能な開発目標）の影響《えいきょう》もあって、不平等な社会を改めていこうという動きが年々大きくなっている。これは世界的な潮流でもあるんだ。パラリンピックへの海外の人たちの関心を見ても、そのことを強く感じるだろう。日本でも、これは少しずつだけれど、一般《いっぱん》の職場で高齢者《こうれいしゃ》や障がい者を起用するようになってきている。

そうした世の中の動きに敏感《びんかん》なのがマスコミであり、最新の情報を報道する役割を担っているんだ。だから、報道スタッフには福祉に関する知識が求められ、即戦力《そくせんりょく》としても期待されている。

社会福祉学部の学生でも高校時代にはあまり福祉に関心がない人もいただろう。同じように、多くの人の目にふれないのが福祉の世界。表面だけをなぞって報道するメディアもたくさんあるんだ。本来は、さまざまな困難を抱《かか》えている人たちを取り上げる時、より正確さが要求される。いいかげんな知識で報道してしまうと、逆に迷惑《めいわく》をかけてしまいかねないからだ。それだけに、大学でじっくりと学んだ人が必要とされるんだ。

大学の研究者、教師として学生を育成

社会福祉学部の先生たちを見ると、福祉の現場を経験した人がかなりいることがわかる。ほかの学部と違《ちが》って、福祉という分野では、一度、社会に出て働いてから、大学に戻《もど》ってきている例がとても多いんだ。

これはとても大事なことだろう。福祉学は、いくらでも「きれいごと」ですませられるだけに、現代社会と密接につながっていなくては単なる机上の空論に終わりかねない。福祉を必要としているのは生きた人間であり、そういう人の息遣《いきづか》いを感じてこそはじめて、福祉について考えたり、語ったりすることができる。

そのために**卒業後、福祉施設《しせつ》などで働いた後、また大学院で学び、それから研究者となる人も多いんだ。**彼《かれ》らが大学の教壇《きょうだん》に立って生きた知識を伝えていくことで、新たな福祉に関心をもつ学生たちが育っていくと言えるだろう。

どのような組織でも必要とされるのが福祉の精神

卒業生
インタビュー
1

社会福祉の裾野の広さを実感できる仕事

社会福祉法人小田原市《おだわらし》社会福祉協議会《しゃかいふくしきょうぎかい》

神奈川県立保健福祉大学《かながわけんりつほけんふくしだいがく》保健福祉学部卒業

栗田知征《くりたともゆき》さん

著者撮影

高校ではボクシングジムに通い、大学では空手サークルに加入。社会福祉とは縁《えん》がない集まりだけに、学業を離《はな》れたつきあいができて、とても楽しかったそう。学生時代に自分と異なった生き方や意見と数多く出合ったことが、自身の財産となっている。

根底に支えを必要とする人への関心

もともと、生まれ育った神奈川県小田原市にかかわる仕事がしたいという思いがありました。そうした希望と社会福祉とが結びついたのは、もしかすると同居していた寝たきりの祖母が介護《かいご》されている姿を見ていたからかもしれません。12年間在宅で家族が介護《かいご》をしていましたが、当然何人もの専門職のお世話にもなっていました。

当時私は小学生なので特に何かできるわけではなく、帰宅した時に祖母のいる部屋を覗《のぞ》いて、何も起きていないかどうか確認するぐらいでした。ただ、漠然《ばくぜん》とですが、支えを必要とする人がいるということに関心をもつきっかけにはなりました。大学を選ぶ際、社会福祉の学部学科にしようと思ったのも、頭のどこかにそのことがあったためだと思います。

大学は、社会福祉について学べて、自宅から通えて、国公立で、ということになると、必然的に神奈川県立保健福祉大学（県立大学）に絞《しぼ》られてしまいました（笑）。当時は県内の高校には公募《こうぼ》推薦《すいせん》という枠《わく》があって、各高校から一人ずつ試験を受けることができたのです。学内の選抜《せんばつ》試験を通って、それから公募《こうぼ》推薦《すいせん》の試験。当時は英語と小論文と面接でしたが、なんとか合格することができました。その時はかなり勉強しましたね。

ボランティア活動や現場実習で意識が深まる

県立大学では、グループワークが多く、頻繁《ひんぱん》に学生同士の意見交換《こうかん》をしました。社会福祉学科の学生同士でも違《ちが》った意見が飛び交いますし、ほかの学科（看護、リハビリテーション、栄養）もいっしょの講義だと、さらにいろいろな考え方が出てきて、自分との違《ちが》いにも気づきます。人びとが幸せになる方へ向かっていくのが福祉だとしても、その道筋はさまざまでいい。これは、今の仕事にも十分に活かされていますね。

県立大学には学生が運営するボランティアセンターがあり、学内にボランティア募集《ぼしゅう》の掲示《けいじ》が出たので、そこから興味のある活動に参加することができました。

ほかにも夏休み中、横須賀《よこすか》市内の障がい児を対象としたサマースクールという事業があり、これには毎年参加しました。学生が実行委員会をつくって、企画《きかく》から運営まですべて自主的に行っていました。子どもさんもたくさん参加しますし、学生も大勢加わります。みんなで電車やバスを使って移動することもあるので、その間、事故のないようにと緊《きん》張《ちょう》していました。最後の日は感極まって泣いてあいさつすることもありましたね（笑）。この経験はとても貴重でした。

大学3年生の夏、社会福祉援助《えんじょ》技術実習で、ある市の社会福祉協議会に行きました。ここで23日間、180時間以上の実習をしたのですが、この時の経験が現在の仕事に結びついています。さまざまな場面で社会福祉協議会の職員の方々が、地域住民と接する姿を見て、地域住民と取り組む福祉のまちづくりについて学びを深めました。

社会福祉の間口は広いのですが、そのなかでも私としては地域福祉に焦点《しょうてん》を当てて、社会福祉協議会で働きたいと思い始めました。その頃、小田原市の社会福祉協議会で募集《ぼしゅう》があり現在に至ります。内定をいただいた時は在学中だったので、卒業するまでの約一年間はアルバイトで社会福祉協議会に通いました。

いっしょに考える姿勢が大切

現在、社会福祉協議会での私の肩書は「福祉まるごと相談員」です。寄せられる相談は、いろいろな問題が複雑に絡《から》み合っていることが多いです。今困っていることを丁寧《ていねい》にお聞きし、解決する方法をいっしょに考えていく姿勢を大切にしています。相談の内容や相談者の年齢などにかかわらず、とりあえず「まるごと」受け止めることにしています。

自分の専門分野の知識や技術だけでは解決しないことがほとんどなので、今思えば、学生時代には社会福祉学科の学生だけでなく、もっと他学科の学生とも出会ったり、意見交《こう》

どんな困りごとでもまずはお聞きします　　著者撮影

換《かん》をしておけばよかったと思いますね。

ほかにも、学生時代に「もっと勉強しておけばよかった」ということはあります。たとえば社会調査の手法は、福祉の現場にはあまり関係ないと思っていましたが、社会福祉協議会の仕事に活かされる場面が多く、真面目《まじめ》に学んでおくべきだったと反省しています。

社会福祉のベースは人に興味、関心をもつことでしょう。人に無関心であると見逃《みのが》してしまうことも、関心をもつことで気づきがあります。困っている人を見ると放っておけないとか、人から相談されることの多い人は、きっと人に関心があるはずですし、社会福祉にも興味をひかれるのではないでしょうか。

より専門的な知識や技術を学んでいくと、どんどん視野が広がっていき、興味、関心はもっと深まっていくはずです。

罪を犯した人を排除しない社会

卒業生インタビュー 2

法務省《ほうむしょう》保護局

法政大学《ほうせいだいがく》現代福祉学部福祉コミュニティ学科卒業

大杉《おおすぎ》 暁《ひとし》さん

著者撮影

福祉とは縁《えん》のなかった大杉さんは、大学生活で福祉の世界の豊かさ、厳しさに目覚めていく。児童養護施設《しせつ》でのボランティアでは、親のいない子どもたちと遊んだり勉強を教えたりしたが、簡単には心を開いてくれない。信頼《しんらい》されなくては親しくなれないことを思い知ったそうだ。

罪を犯した人たちの更生《こうせい》も福祉の役割

私は、法務省の保護局で、保護観察《かんさつ》官という仕事をしています。少年院を仮釈放《しゃくほう》になった少年や、裁判で保護観察つきの執行猶予《しっこうゆうよ》判決になった人が対象で、保護観察期間中にきちんとした生活を送っているかどうか指導監督《かんとく》します。また、彼《かれ》らが社会生活を営む上で必要な支援《しえん》もしています。たとえば、住む家がない方には、法務省が所管する施設《しせつ》で生活してもらい、そこから自立した生活に向けて、対象者の方といっしょに話し合います。そして、これらの支援《しえん》は、主に保護司さんや施設《しせつ》の補導員さんと協力していきます。

私は入省して、研修を終えるとすぐ北九州に配属されました。

一日の仕事としては、行政文書の作成、管

理などの事務作業が7割ほど。残りの3割が対人援助《えんじょ》です。たとえば、薬物依存《いぞん》や性犯罪等の「再犯防止プログラム」を、認知行動療法《りょうほう》に基づいて作成して、行ったり。このプログラムを基に、実際に罪を犯した人に面接し、話を聞いたりしていきます。

こうした人とのかかわりが興味深く感じました。単に「薬物依存《いぞん》はいけない」というのではなく、どうして依存《いぞん》に走ったのかを調べ、薬物などから離《はな》れていくようなプログラムを対象者の方と実践《じっせん》していくのです。ひと言で犯罪といっても、その背景には人それぞれが抱《かか》えている問題があるのだと知りました。とても貴重な体験でした。

深い理由もなく福祉を学ぶことに

高校までは福祉という分野に関心もなければ、知識もありませんでした。だから、大学受験も福祉だけでなく、経済学部や経営学部、社会学部なども受けています。

ただ、ほかの学部に比べて福祉学部がもっとも何を学ぶのかイメージしにくかったので選んだのかもしれません（笑）。福祉というと、お年寄りの介護《かいご》や障がい者の介助《かいじょ》ぐらいしか思い浮《う》かばず、それを学問として修めることが想像できませんでした。

入学していろいろな授業を受けて、福祉という分野がおもしろくなりました。大学の授業はなんでも興味深かったんです。たとえば、社会問題論では、自分で「これはどういうことなんだろう」という問題について調べたりします。私は非行少年について、主に文献《ぶんけん》で調べました。18歳《さい》以下の子どもたちが罪を犯してしまうに至る経緯《けいい》、その家庭環境《かんきょう》などを調査しました。

ゼミは「社会的排除《はいじょ》について」がテーマでした。世の中にはどういう排除《はいじょ》をされている人たちがいるのか。社会の網《あみ》からこぼれ落ちた人たちの現状や、彼《かれ》らを守っていくためにはどうしたらいいかなどを調べ、議論していくのです。こうした関心は、法務省での仕事に影響《えいきょう》しています。

3年生で、ある市の福祉事務所で実習しました。施設《しせつ》の見学をして、職員の方々からいろいろなお話を聞きました。そうした経験から、「その人がその人らしく生きるための手助け」が福祉の役割だとしたら、本人への直接のアプローチだけでなく、社会での居場所づくりや制度づくりというアプローチも必要かなと思ったのです。そうした仕事ができるのは公務員かもしれないと、実習後から本格的に勉強を始めました。国家公務員に絞《しぼ》って、まずは福祉を取り巻く法律を勉強。また、人間科学系の福祉学、社会学、教育学、心理学といった科目は関心をもっていたジャンルなので、勉強しやすかったですね。

公務員試験は、二次試験に合格すると名簿《めいぼ》に名前が掲載《けいさい》され、官庁訪問をします。希望する官庁を回って面接を受けるのです。官庁訪問の面接に通ると内々定が出ます。私は希望通り法務省から内々定をもらいました。

障がいのとらえ方は人によって異なる

法務省は大きくわけて保護局と矯正《きょうせい》局、出入国在留管理庁、それに民事局があります。保護局は罪を犯した人たちが立ち直れるよう支援《しえん》したり、法律、施策《しさく》をつくる部署で、私の場合はここでも希望が叶《かな》ったといえます。

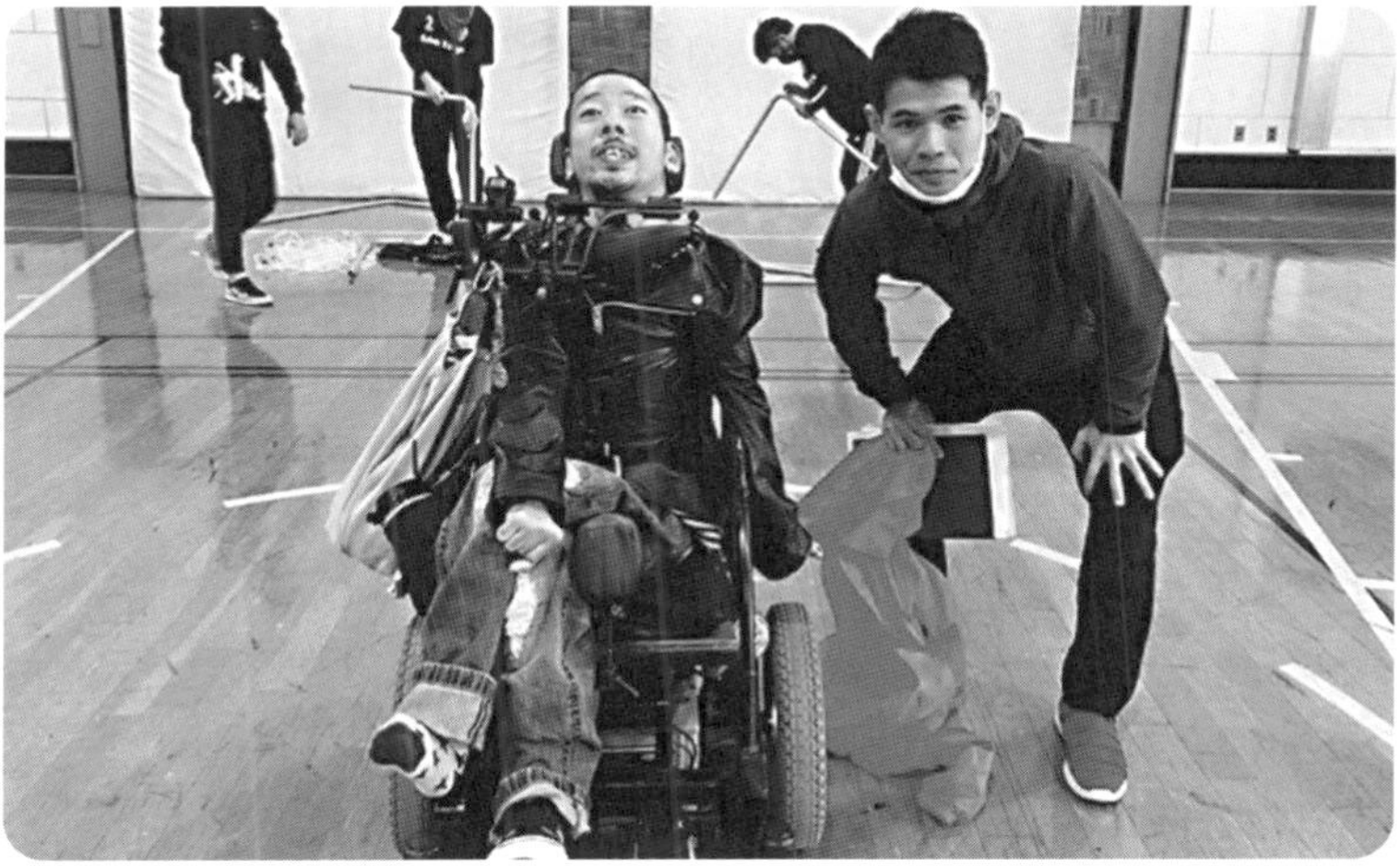

学生時代のアルバイトで知り合った方と　取材先提供

実は学生時代、アルバイトとして脳性麻痺《まひ》の方の身の回りのお世話をしていました。3年間、昼間も夜間もケアを続けて。とてもユニークな方で、今でも交流があります。障がいは個性であるという考え方で、みずからの生き方を発信するために自伝を書いたり、歌をつくってCDを出したりしています。

この方の介助《かいじょ》をするようになって、いろいろな話を聞かせてもらいました。障がい者への見方、かかわり方が変わりましたし、福祉そのもののとらえ方も変えてもらいました。

福祉という仕事へのアプローチの仕方はさまざまです。施設《しせつ》などで働くこともひとつですし、私のように公務員になる方法もある。早々に仕事内容を決めてしまわず、広く勉強して、いろいろな人と対話するようにすると、自分なりの道が開けていくと思います。

卒業生
インタビュー
3

大学時代の経験すべてが今の仕事に活かされている

札幌《さっぽろ》麻生《あさぶ》脳神経外科病院《のうしんけいげかびょういん》
医療生活相談室
立教大学《りっきょうだいがく》コミュニティ福祉学部福祉学科卒業
岡島里花子《おかじまりかこ》さん

取材先提供

早くから医療《いりょう》ソーシャルワーカーをめざしていた岡島さん。大学受験でも、就職活動でも、ほかの学部、職種には目移りせず。東日本大震災《ひがしにほんだいしんさい》の復興支援《しえん》では、現地の人たちとボランティアを離《はな》れたつきあいが今もある。人とのかかわりが好きであり、大切にしたいのだという。

患者《かんじゃ》さんの生活の質を向上させる役割

今の仕事は、患者《かんじゃ》さんやその家族の社会的、心理的援助《えんじょ》、いわゆる医療《いりょう》ソーシャルワーカーです。勤務先が脳神経外科病院ですので、たとえば脳梗塞《のうこうそく》などで入院され、障がいが残り、退院後の生活に支障が出る方も少なくありません。そういう方の相談に乗って、少しでも気持ちよく暮《く》らせるような方法を探っていくのです。

救急入院した段階で、支援《しえん》の必要性があるかどうかのスクリーニング（選別）を行います。すでに入院中の方や外来患者《かんじゃ》さんについても「支援《しえん》が必要なので相談に乗ってあげて」と依頼《いらい》されることもあります。

後遺症《こういしょう》、リハビリが長期間にわたると、退院する際には在宅で生活できる態勢を整えたり、自宅での生活が難しいと思われる方は、本人・家族と相談の上、施設《しせつ》を探すこともします。現役の社会人だと失業することもあるので、経済的に自立できる方法を探るため、いろいろな支援《しえん》制度の勉強もしなくてはなりません。

病院には、今、ソーシャルワーカーが4人います。最初は先輩《せんぱい》について仕事を覚えましたが、やっと独り立ちさせていただきました。

大変で難しいと思うことは、患者《かんじゃ》さんは一人ひとり違《ちが》うこと。病気の種類、後遺症《こういしょう》だけでなく、生い立ちや家族のこと、病気についてどう考えているかを面接を通してより把握《はあく》できるよう心がけています。

今はまだわからないことも多く、手探り状態の毎日です。キャリアを積んでいろいろなことが見えてきたら、もっとやりがいをもてるのかな、と思っています。

実習で尊敬する上司と出会う

中学、高校と大学附属《ふぞく》の女子校だったのですが、大学進学時に「福祉を学ぼう」と思い立ち、ほかの大学を受験することにしました。

きっかけは、身近に障がいのある友だちがいたことと、仲のよかった友だちが病気になったこと。彼女《かのじょ》らとのつきあいで感謝されることもあったのですが、逆にこちらが元気をもらうことも多かったのです。「こういうことが幸せなのかな」と思うと、将来の夢《ゆめ》として福祉が浮《う》かんできました。

大学の授業ではソーシャルワーカーとしてかかわる高齢者《こうれいしゃ》、障がい者、児童、医療《いりょう》とさまざまな分野を学びましたが、そのなかでもっともひかれたのが医療《いりょう》でした。立教大学では2年生の秋頃、どの分野を選ぶかを決めて、志望書を出さないといけません。その時は、はっきりと医療《いりょう》に進みたいと決めていました。

3年生では、2カ所の病院へ実習に行きました。東京《とうきょう》と北海道《ほっかいどう》の病院で、東京で4週間、北海道が10日間。この実習で、医療《いりょう》ソーシャルワーカーの仕事ぶりを間近に見ることができました。その時に感じたのは、医《い》療《りょう》ソーシャルワーカーってカッコいいな、ということ。特に北海道の病院で私の教育担当をされた方は、人の強みを最大限に活かした支援《しえん》をされる、すばらしいソーシャルワーカーでした。その方の背中を見て、あらためてこの仕事をやるぞと決意したのです。

就職活動をする時、この教育担当をしてくださった方を思い出して、あのようになりたいなら、その人の下で働くのがもっともいいと(笑)。ちょうど求人もあったので応募《おうぼ》し、内定をもらいました。

ただ、問題は社会福祉士の国家試験です。卒業前の2月に試験ですから、落ちると内定も取り消しになってしまいます。絶対に受からないといけないので、プレッシャーが大きかったですね。4年生の秋からは勉強に集中して、無事に合格することができました。

経験を活かすためには柔軟《じゅうなん》さが必要

今思うと、大学での経験はすべて仕事に活かされています。机上の勉強はもちろんのこと、実習先での経験も。

また、私は1年生の頃から東日本大震災の復興支援《しえん》のボランティアに通いました。何度も行ったのが気仙沼《けせんぬま》です。

支援が必要な患者さんの相談に乗ります　取材先提供

具体的には、被災地《ひさいち》の仮設住宅を訪問して、そこに住んでいるお年寄りとお話ししたり、集会所で鍋《なべ》パーティーをしたり、小学校の運動会に参加したり。私が参加していた復興支《し》援《えん》は、地域支援《しえん》の色合いが強かったように思います。

この活動を通して、私たちボランティア側がもてなされることも、支援《しえん》になると知りました。支援《しえん》を「する」「される」という上下の関係ではなく、人と人との関係を、横のつながりでとらえていくわけです。このボランティア経験も、今の仕事に役立っています。

人とかかわることが好きなら、ソーシャルワーカーほどおもしろい仕事はないと思いますよ。それほど知られていない仕事だと思うので、一度、機会があれば仕事を見学するなど、ふれてみてはいかがでしょうか。

福祉には、熱い心とともに冷静さも必要

卒業生インタビュー 4

児童養護施設星美《じどうようごしせつせいび》ホーム
東洋大学《とうようだいがく》ライフデザイン学部生活支援学科
子ども支援学専攻卒業

大越梨紗《おおごしりさ》さん

著者撮影

宮城《みやぎ》県気仙沼市出身の大越さん。中学2年生の時、東日本大震災に遭遇《そうぐう》。自身の家は運よく被災《ひさい》せずにすんだものの、校舎の3階から目撃《もくげき》した津波被害《ひがい》の光景は忘れることができない。震災《しんさい》後、人と人のつながりの大切さを肌《はだ》で感じ、はじめて社会福祉の必要性に気付かされたという。

子どもとの信頼《しんらい》関係を築くことが大事

勤務先は児童養護施設《しせつ》で、小学生から高校生までが暮《く》らす定員が6人のグループホームです。

入所する理由はさまざまです。両親による虐待《ぎゃくたい》もあれば、親が精神疾患《しっかん》や薬物依存で養育が不可能であったり。まず児童相談所が介入《かいにゅう》して、一時保護所に入り、うちに来るケースが多いですね。

私の仕事は、子どもたちの生活全般《ぜんぱん》のサポート、それと環境《かんきょう》を整えていくことです。児童相談所や学校とも連携《れんけい》していきますし、子どもからの相談にも乗ります。

たとえば夜勤の日は、午後3時に出勤すると夕食の準備をして、子どもたちの帰りを待ちます。帰ってくると、おやつを食べさせ、

宿題などを見てあげて、お風呂《ふろ》に入れます。それから夕飯。小学生は20時半には就寝《しゅうしん》ですが、高校生にもなれば消灯は22時なので、もう少し遅《おそ》くまで起きていますね。

夜は私も仮眠《かみん》を取ります。朝の6時に起きると朝食を用意して、学校へ送り出します。8時になると誰《だれ》もいなくなりますので掃除《そうじ》をし、パソコンで日々の記録をつけたり、保護者や児童福祉司と連絡《れんらく》を取ったりと、とにかくやることは多いです。

実は、仕事を始めてすぐにコロナ禍《か》となりました。子どもたちは一斉《いっせい》に休校となり、2カ月ほど、昼も夜も施設《しせつ》内にいる状態。まだ信頼《しんらい》関係が築けていない時期で、さすがに疲《つか》れ果てました。子どもたちも同じように、しんどかったと思いますけど（笑）。あの時期を乗り越《こ》えられたので、今では大抵《たいてい》のことには動じなくなりました。

子どもたちからは、下の名前で「リサちゃん」と呼ばれています。大事なのは信頼《しんらい》されることでしょう。そうすると、なんでも相談してくれますし、高校生だと進路指導のようなことまですることも。子どもたちにしてみれば、親というより姉のような存在なのかもしれませんね。

3 資格取得のため、多忙《たぼう》な大学生活

高校時代はテニスとバドミントンをやっていました。バドミントンは高校から始めたので、まわりとは格段に力の差があったのですが、練習すればするほどうまくなる。それがうれしくて、また練習する。この時に努力する楽しさを学んだ気がします。

将来の夢《ゆめ》としては、幼い頃は保育士や幼稚《ようち》

園《えん》の先生を考えていました。ただ、東日本大震災を経験して福祉の仕事を意識してからは、社会福祉士も気になりました。どうせなら、資格を全部取れないかと考えたのです。調べてみると、三つの資格をすべて取れる大学は少なくて、そのひとつが東洋大学でした。

三つの資格を取るために、大学生活は結構忙《いそが》しかったですね。実習は1年生の春休み、2年生の夏休み、3年生の夏休み、4年生の春、そして秋と目一杯《めいっぱい》やりました。

保育士と幼稚園教諭《ようちえんきょうゆ》は実習に行き、単位を取れば資格を取得できます。ただ、社会福祉士は試験があるので、とにかく必死でした。大学時代は、授業に出て、実習に行って、そして遊んで、という生活。家ではほぼ寝《ね》るだけでした（笑）。

経験を重ねて幅広《はばひろ》い視野を獲得《かくとく》

就職先としては、3年生の時の病院実習で医療《いりょう》ソーシャルワーカーも考えたのですが、希望するような求人にめぐり合えませんでした。その後、幼稚園教諭《ようちえんきょうゆ》の実習があり、あらためて「子どもとかかわる仕事もいいな」と思うように。子どもは教えたことによる変化がダイレクトに伝わってきますから。

そこから、児童養護施設《しせつ》などの求人を調べて、現在の施設《しせつ》に出合いました。説明会に行ったところ、施設《しせつ》の理念に共鳴したのです。

三つの資格を取ってよかったことは、視点がひとつに偏《かたよ》らないことです。子どもについても保育だけではなく、福祉という視点からも見られるのは強みだろうと思います。子どもたちの生活歴や背景を見て、そこから行

子どもたちの栄養バランスを考えて食事の支度をします　著者撮影

動の原因を探る。これは大学でディスカッションなどを通して学んだことです。子どもとかかわっていると、つい熱くなってしまいがちですが、大学の先生から言われた「熱い心と冷たい頭」をもつ姿勢を大事にしています。また大学では、10日間ほどの韓国《かんこく》研修にも参加。韓国の高齢《こうれい》者施設《しせつ》でボランティアをしたり、精神疾患《しっかん》者の施設《しせつ》や保育園を訪れたり。この経験も、今に活かされています。

社会福祉に限りませんが、小さな頃からの「何になりたい」という思いに縛《しば》られ過ぎないほうがいいと思います。人やできごととの出会いで意見が変わることもありますし、そうした変化もまた大切です。むしろ、自分がどのようなことをしたいのか、どのような人間になりたいのか、そこさえブレなければ、自然と進むべき道は見えてくると思います。

5章

社会福祉学部をめざすなら何をしたらいいですか？

Q18

社会福祉学部のある大学の探し方・比べ方を教えてください

自分の興味を見つめること

この本を手に取ったみなさんは、心のどこかで「福祉を学びたい」と思っているはずだ。それが「学びたい学部第1位」ではないかもしれないけれど、少なくともベスト5ぐらいには入っているだろう。

まず、自分の気持ちの中にある「福祉を学びたい」という思いを、ちょっとだけ探ってみよう。大学進学を考えた時に、どうして「福祉」という言葉が浮《う》かんだのか？　そのことを考えてみると、たとえば同級生に車椅子《くるまいす》の子がいたとか、隣の家のおばあさんが徘徊《はいかい》しているところを助けたことがあるとか、何かきっかけがあったはずなんだ。

そのような小さなきっかけでもいいから、頭に浮《う》かんだ引っかかりをもう少し掘《ほ》り起こしていこう。きっと、困った人を助けたりした時に充実感《じゅうじつかん》が得られたのではないだろうか。「福祉を学びたい」という志望の中身が、ちょっとだけ具体的になっていくだろう。

学部名に惑《まど》わされない

自分の気持ちにあった福祉への関心がつかめたら、今度はそれを軸《じく》にして情報を集めるんだ。まず高校の進学指導の先生に相談したり、大学案内を手にするところからスタート。そこで糸口が見つかったら、インターネットで検索《けんさく》してみるといいだろう。たくさんの大学が引っかかるはずだけど、はじめから選択《せんたく》の幅《はば》を狭《せば》めることはない。どんな大学の、どんな学部があるのかを広く当たっていくだけでいい。

気をつけたいのは、社会福祉学部という名称《めいしょう》は多いけれど、同じような授業内容であっても大学の個性を活かそうとして独特の名称《めいしょう》を用いているところも多いんだ。「社会」「人間」などをつけたり、「福祉」という語を使っていないこともあるので、あまり学部名だけで判断してしまわないようにしよう。

取れる資格を比べてみる

つぎに、集めた大学情報を見直してみよう。くわしい情報が足りない場合は、大学のホームページにアクセスして調べてみる。そうすると、そこの大学ではどのような科目を学べるかがわかってくるだろう。授業内容を見ているうちに興味の焦点《しょうてん》が絞《しぼ》れていき、自分がどの分野の福祉に惹《ひ》かれるのかが見えてくるはずだ。

ここで大切なチェックポイントにその大学で取得可能な資格の種類がある。将来、福祉の分野で働いていこうとするなら、資格はかなりの比率で必要条件になる。その大学で社会福祉士や精神保健福祉士、介護《かいご》福祉士といった国家資格は取れるのか。ダブルライセンスは可能か、ほかに取れる資格は何かなどは知っておきたい。同時に、資格の合格率も調べておくといいだろう。やはり、資格取得をバックアップしてくれる大学のほうが合格率は高いし、安心して学んでいける。もうひとつ比較《ひかく》しておきたいのは、卒業生の具体的な就職先だ。地方の大学だと、地元の施設《しせつ》や企業《きぎょう》に強いというメリットがあるので、志望する就職先も視野に入れて大学選びを行うようにしよう。

大学の雰囲気《ふんいき》を感じる機会は逃《のが》さない

オープンキャンパスを実施《じっし》している大学には、可能な限り足を運んでみよう。模擬《もぎ》授業や先生との面談などがあれば参加したい。リアルな大学像を知る上で、とても参考になるんだ。会場では先輩《せんぱい》の学生が大学の魅力《みりょく》を話してくれたり、学内施設《しせつ》の説明をしてくれることもあるので話しかけてみるのもいい。そして、疑問点があれば、恥《は》ずかしがらずにどんどん質問していこう。先生も先輩《せんぱい》も、そのことを望んでいるよ。

都市部の大学は同時期にオープンキャンパスを行うことがあるので、続けて見ていくと、それぞれの校風の違《ちが》いを感じ取れるかもしれない。大学周辺の雰囲気《ふんいき》も見ておきたい。もし一人暮《ひとりぐ》らしをすることになるのなら、生活の場になるので要チェックだ。

集められる情報はすべて集める

ここまでくると、かなり志望校が絞《しぼ》れてきているだろう。あとは4年間にかかる学費や、その大学のある土地での生活費（特に一人暮《ひとりぐ》らしの時は大事）、奨学金《しょうがくきん》制度の有無、留学や海外研修があるかどうか、さらにはサークル活動なども、わかる範囲《はんい》でチェックしておこう。

そこからは実際の入試の方法などを調べていくことになる。特に推薦《すいせん》入試を実施《じっし》している場合は、試験の時期がかなり早まるので注意しておきたい。指定校制度を取っていることもあるので、それも気をつけておこう。とにかく情報は集めすぎるということはない。たくさん集めて取捨選択《せんたく》していけばいいんだ。

さまざまな角度から大学を見つめることが大事

Q19

かかわりの深い教科はなんですか？

社会のあり方や倫理《りんり》は必要な知識

福祉とかかわりの深い科目としては、「公民」の現代社会、倫理《りんり》、政治経済があげられるだろう。福祉を学ぶ上で、今の世の中の成り立ちや仕組みについて最低限の知識はもっておいたほうがいい。福祉というのは社会のシステムと密接に関係しているため、学んでいくには必要な知識になる。

これは政治経済についても同様だ。その時代の政治のめざす方向と大きなかかわりをもつのが福祉。行政が福祉に力を入れている政権と、そうではない政権とがあり、そのことで福祉のあり方も変わってくるだろう。

倫理《りんり》では、自分らしく生きることや働くことの意味を考えるようになり、他人との共生についても学んでいく。そこから、哲学《てつがく》の永遠のテーマである「幸せ」につながっていくんだ。誰《だれ》もが幸せをめざしているわけだから、それを実現するにはどのように考えて、行

動すればいいのか。これは、過去の哲学者《てつがく》や社会学者がずっと頭を悩《なや》ませてきたことだ。簡単には正解が見つからないだろう。でも、幸せについて一生懸命《いっしょうけんめい》に考えることが福祉の土台をつくることにもつながるから、入試と直接は関係なくても勉強しておきたい。

国語の読解力は話を聞く力を養う

国語で培《つちか》う「国語力」も福祉と大きなかかわりがある。ある文章を読んで要約したり、感想をまとめたりする授業は、人の話のポイントを押《お》さえて、まとめる能力とつながってくるんだ。

福祉の仕事で重要な位置を占《し》めるのが、ソーシャルワークの聞き取りだ。困りごとを抱《かか》えて相談に来た人たちから、相談内容を聞いて、その人にとって何が必要なのかを探っていく作業である。漠然《ばくぜん》とした話から大事な要素を引き出し、時には相手に確認をしながら話を進めていく。そのため、頭の中で相手の話をまとめて要約していかなくてはならない。これは国語の文章読解やまとめる力と関係してくるだろう。

福祉の仕事に限らないが、日報や書類をまとめるのも大事な作業のひとつ。ただ、現場の仕事を終えた後に文章を書くのは億劫《おっくう》に感じてしまう。そこで国語の勉強では「書く」ことも習慣化させておくといい。教科書に載《の》っている文章だけでなく、新聞や雑誌なども要約して、「書く」訓練の題材としておくと役に立つよ。特に推薦《すいせん》入試では小論文が中心になることが多いので、そこでは「書く」訓練がとても役立つだろう。

数学を使って現状を把握《はあく》することも

意外なことに、数学もいろいろな面で福祉と関係してくる。たとえば、地域の福祉政策などでは住民へのアンケート調査を行い、その結果を分析《ぶんせき》して政策に反映させなくてはならない。こうした作業を担うのも、役所の福祉課の職員であったり、社会福祉協議会の職員だったりするんだ。

結果の分析《ぶんせき》には統計学などの素養が必要になり、それは大学の授業で学ぶのだが、ベースになるのは高校までの数学なんだ。たとえば、成績を表す偏差値《へんさち》は、統計で平均値からの分布の広がりを示す数値である。そういった数字のもつ意味や算出の仕方がわかっていれば、アンケート結果からさまざまなことがくみ取れるようになる。数字が語ってくれることは、実にたくさんあるんだ。今の世の中で、どのような仕事であっても、数字と無縁《むえん》などありえないわけだから、苦手だと感じていても授業にはついていきたいね。

音楽や美術も大事なアイテムになってくる

得意科目を増やすよりは苦手な科目をつくらないこと

多くの人とふれあい、話をしていくのが福祉の仕事の一環《いっかん》であるから、本当ならば世の中のあらゆることを吸収したほうがいい。相手の興味にすぐに対応して、話を聞いたり、こちらから語りかけたりできれば、関係性は一気に強まるだろう。

だから、歴史や地理の授業もむだではないし、化学や物理だって話題に上ることもあるだろう。何も得意科目になるほど勉強しなくてもいいが（もちろん得意科目になってもかまわないが）、ちょっとした知識ぐらいは頭の中に留めておいたほうがいい。

その意味では、音楽や美術、書道といった「表現」をするために実技をともなう科目はとても役に立つ。高齢《こうれい》者の施設《しせつ》では、歌をうたったり、絵を描《か》いたり、毛筆で文字を書くなどの作業がリハビリテーションや療法《りょうほう》で使われているし、レクリエーションとして楽しまれていたりする。レクリエーションだと施設《しせつ》の職員が指導することもあるから、「全然、知らない」というわけにはいかないんだ。障がい者施設《しせつ》でも児童福祉施設《しせつ》でも、音楽やお絵《え》描《か》きは楽しむための題材になってくる。漠然《ばくぜん》と受けていた授業も、そういう目で見ると、興味深くなるのではないかな。

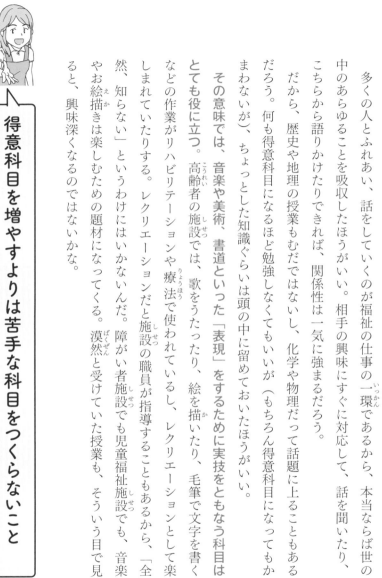

Q20

学校の活動で生きてくるようなものはありますか？

ディスカッションで論理的な話し方を身につける

日本人は議論が下手だと言われるけど、これは論理を積み重ねて話し合うことを嫌《きら》うからだ。理論的に話を進めることは、相手にも、まわりにも冷たい印象を与《あた》えてしまいがち。論理的に話す人は「理屈《りくつ》っぽい」と敬遠されてしまうのだ。それよりは、感情的な話し方のほうが温かく感じられるし、訴《うった》えかける力も大きく感じられるんだ。

しかし、大学ではそのような感情を優先させた議論は許されないよ。

多くの授業が、学生によるディスカッションやディベート（賛成反対に分かれて行う討議）**を行い、学びを深めていく。**話し合われるテーマはさまざまだ。社会にとっての福祉の意味であったり、障がい者の自立をどう支援《しえん》するかであったり、たいてい「これが正解」という答えを導き出せないテーマが選ばれる。そうなると、知識や経験を総動員して、自分も議論をしながら考えていくことになるんだ。

中学・高校の授業では、あまりそういう議論を深める機会はないけれど、グループワークやプレゼンテーションを授業で行うケースもあるので、積極的に発言しよう。はじめは気恥《きは》ずかしく感じるかもしれないが、どんどん失敗を重ねることで、議論も上達していくだろう。そしていつしか論理的な思考法が身についているはずだ。

クラブ活動でチームワークを学ぶ

スポーツでも文化活動でも、学校のクラブ活動や部活動に参加している人も多いはず。どのようなクラブも一人で活動することはない。団体スポーツはもちろんのこと、音楽や美術であっても、集団で活動し、発表会などを開いているだろう。

仲間には気の合う人もいれば合わない人もいる。それでもひとつの目標に向かって気持ちを合わせていかなくてはならない。そのことが難しくもあるし、楽しくもあるんだ。このようにグループで活動し、さまざまな困難を経験することは、とても大切なことだよ。

大学で福祉について学ぶ際、きっとチームワークについても教わるはずだ。どのような職場であっても、施設《しせつ》や組織であっても、人の支援《しえん》はチームによって行っていく。たとえば、高齢者《こうれい》の在宅介護《かいご》にしても、ホームヘルパーが訪問したり、訪問看護師が訪れたりするけれど、訪問内容はすべてノートなどに記録して、高齢者《こうれい》の家族、ホームヘルパーや看護師、ケアマネジャーなどみんなが見られるようにしている。身体の状態などを申し送ることで、つぎに訪問する人はそのことに気をつけるようになるのだ。

このようにほかの人のことを考えて行動することで、おたがいの仕事がやりやすくなる。そのためのチームワークなんだよ。高校では、クラブ活動でもいいし、生徒会活動でもいいし、クラスの活動でもいい。グループで動く場があったら、積極的に参加して他人といっしょに何かをすることの難しさ、楽しさを学びたい。

パソコンの扱《あつか》いに慣れておく

最近の中学・高校では、パソコンだけでなくタブレットを用いて授業を行うようになった。スマートフォンもアプリケーションによってさまざまな利用法が可能になったし、日常的にコンピュータやスマホのない仕事、暮《く》らしは考えられなくなっている。

大学では、こうした機器はもっと活用されているんだ。インターネット検索《けんさく》による調べ物だけでなく、身体介護《かいご》のシミュレーションやデータ分析《ぶんせき》などにも使われたりしている。リモート授業を可能にしたのも、パソコンやスマホの普及《ふきゅう》だった。

スマホについては、みんな十分に使いこなしているだろうけれど、パソコンに関してはキーボードにふれたことのない人も多いはず。

今のうちに、学校に配備されているパソコンにふれて慣れておくようにしたい。そうすれば大学に入ってからが楽になるだろう。キーボードを使って文章も書けるようにしておくと、卒業論文のような長文を書くにはとても便利に感じるはずだ。

意識的にコミュニケーション能力をみがく

福祉活動でもっとも必要とされるのがコミュニケーション能力だ。どのような相手とも話をしなくてはならないし、相手の言いたいことをきちんと理解しなくてはならない。相手は、常に理路整然とした話をするわけではないから、何度でも質問をして、わかるまで聞き取る必要があるんだ。

そうしたコミュニケーション能力をみがくには、学内でもいろいろな人と話したほうがいいだろう。クラスでもクラブ活動でも仲のいい友だちと話すのは気楽だけれど、あまり話したことのないクラスメートや下級生などとも意識的に話をしてみよう。意外な素顔にふれられると、それで興味を惹《ひ》かれて、さらに話を聞きたくなってくるよ。

高校生活を楽しむことで活かされる力もあるよ

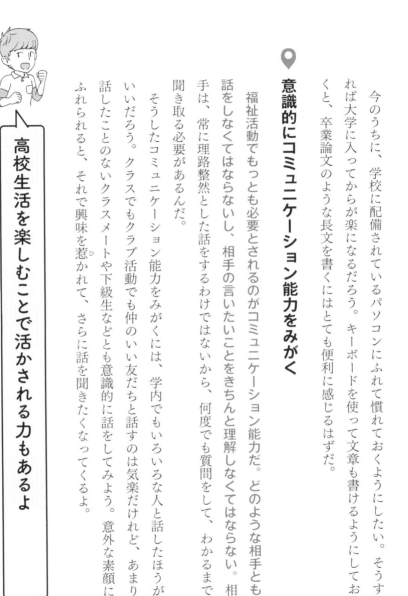

Q21

すぐに挑める社会福祉学部にかかわる体験はありますか？

福祉施設《しせつ》などを見学してみる

高齢者施設《こうれいしゃしせつ》や障がい者施設《しせつ》など、見学させてもらえるところを探してみよう。

公式な見学会などを行っているところは少ないけれど、学校の先生を通して頼《たの》んでもらったり、デイサービスなどに通っているお年寄りを知っているなら、そういう人から頼《たの》んでもらうのもいい。老人ホームやグループホームなどのように住居として暮《く》らしている施《し》設《せつ》は難しいかもしれないけれど、デイサービスやデイケアのような通所型の施設《しせつ》なら見せてもらえることが多いんだ。

障がい者の人たちが通っている作業場などでは、定期的に作品の展示会や即売会《そくばい》、文化祭のような催《もよお》しを行っていたりする。そこには誰《だれ》でも参加できるから見に行ってみよう。

まずは現場の雰囲気《ふんいき》を肌《はだ》で感じ取り、どういう人たちがそこに通っているのか、職員の人たちの仕事ぶりはどういうものなのかを見ておきたい。

ボランティアに参加してみる

福祉系の大学では、学生の自主性に任されてはいるが、ボランティア活動がとても重要視されている。授業や実習だけでは補いきれない「現場の経験」をボランティアによって体験していくことになるんだ。

もし可能なら、高校時代にもボランティアを経験しておきたいものだ。学内の活動としてボランティアを行う学校は少ないだろうから、どうしても学外活動になってしまう。役所や福祉団体などに問い合わせれば、高校生でも参加できるボランティア活動を教えてくれるはずだ。

高齢《こうれい》者や障がい者施設《しせつ》でのボランティアは少ないけれど、募集《ぼしゅう》しているところがあるから調べてみるといい。高校生が行うものとして一般的《いっぱんてき》なのは、子どもの学習支援《しえん》、学童保育のサポート、地域の清掃《せいそう》活動、援農《えんのう》ボランティア、スマートフォンの使い方を教えるデジタルサポーターなどというものもある。観光地が近ければ外国人旅行者の案内だとか、とにかく短い時間で可能なボランティア活動はたくさんあるんだ。長期だと子どもの自然体験（キャンプ）でのスタッフなど、夏休み期間を利用したボランティアもあるから、インターネットなどでの募集《ぼしゅう》もチェックしておきたい。

ボランティアを経験することで、福祉というものの一端《いったん》にふれることができるから一度は経験してみよう。

自分の祖父母の話を聞く

核《かく》家族化が進んで、おじいさん、おばあさんと暮《く》らしている家は少なくなった。でも、親の実家には祖父母が暮《く》らしているはず。家族で帰省する機会はなかなかないかもしれないが、夏休みや正月などに親の実家に帰ることがあれば、祖父母の話を聞いてみるのもいいだろう。

ふだんは、おじいさん、おばあさんの話などじっくりと聞くことがない。これは、きっとみんなの親にしても同じはずだ。自分の親の話だって、なかなか耳を傾《かたむ》けることは少ない。でも、この機会に話を聞いてみたい。

何もかしこまって話をすることはないよ。どんな子ども時代を過ごしたかという昔話《むかしばなし》でもいいし、みんなのお父さんやお母さんのことでもいい。そして、今の生活についても聞いておこう。高齢《こうれい》になってきて困っていること、暮《く》らしにくいことはないか、どんなサービスを受けているのか、あるいは受けたいのかも聞いてみたい。みんなが想像しているのとは違《ちが》った暮《く》らしぶりなのではないかな。

メディアから発信されたものにふれる

新聞や雑誌、テレビなどで、福祉について報道される記事や番組にはふれておきたい。テレビだとニュースだけでなく、ドキュメンタリー番組として、高齢《こうれい》者や障がい者に関する福祉問題が扱《あつか》われることがあるので、チェックしておこう。長期間の取材で、たとえば高齢者施設《こうれいしゃしせつ》の抱《かか》える問題点などを映像化しているため、高校生でもわかりやすいだろう。

もっと深く知りたいならば、図書館に行けば福祉について書かれた単行本もたくさんあるよ。解説書ばかりでなく、福祉施設《しせつ》に通う人や働く人を取材したノンフィクションなどもあるから、そうした本を読んでみるのもおもしろいだろう。

ただ、ドキュメンタリー番組にしても、ノンフィクションで書かれた本にしても、あくまで作り手の意見に沿ってつくられているということは知っておいたほうがいい。同じ題材を扱《あつか》っても、違《ちが》う意見の人なら全然違《ちが》った作品になったりするので、あくまでひとつの見方でしかないんだ。

高校生でも福祉に関する情報にふれることはできるよ

著者紹介

元木 裕（もとき ゆう）

1960年、北海道生まれ。獨協大学外国語学部卒業。学生時代からフリーランスのライターとして活動。企業人へのインタビューを軸にした人物ルポのほか、さまざまなメディアでのビジネス解説も行う。

なるにはBOOKS 大学学部調《だいがくがくぶしら》べ

社会福祉学部《しゃかいふくしがくぶ》 中高生《ちゅうこうせい》のための学部選《がくぶえら》びガイド

2021年11月25日　初版第1刷発行
2023年 4 月25日　初版第2刷発行

著者　元木 裕
発行者　廣嶋武人
発行所　株式会社ぺりかん社
〒113-0033　東京都文京区本郷1-28-36
TEL：03-3814-8515（営業）/03-3814-8732（編集）
http://www.perikansha.co.jp/

装幀・本文デザイン　ごぼうデザイン事務所
装画・本文イラスト　保田正和
写真　元木 裕
印刷・製本所　株式会社太平印刷社

ISBN978-4-8315-1599-5
Printed in Japan

【なるにはBOOKS】

税別価格 1170円〜1700円

1 パイロット
2 客室乗務員
3 ファッションデザイナー
4 冒険家
5 美容師・理容師
6 アナウンサー
7 マンガ家
8 船長・機関長
9 映画監督
10 通訳者・通訳ガイド
11 グラフィックデザイナー
12 医師
13 看護師
14 料理人
15 俳優
16 保育士
17 ジャーナリスト
18 エンジニア
19 司書
20 国家公務員
21 弁護士
22 工芸家
23 外交官
24 コンピュータ技術者
25 自動車整備士
26 鉄道員
27 学術研究者(人文・社会科学系)
28 公認会計士
29 小学校教諭
30 音楽家
31 フォトグラファー
32 建築技術者
33 作家
34 管理栄養士・栄養士
35 販売員・ファッションアドバイザー
36 政治家
37 環境専門家
38 印刷技術者
39 美術家
40 弁理士
41 編集者
42 陶芸家
43 秘書
44 商社マン
45 漁師
46 農業者
47 歯科衛生士・歯科技工士
48 警察官
49 伝統芸能家
50 鍼灸師・マッサージ師
51 青年海外協力隊員
52 広告マン
53 声優
54 スタイリスト
55 不動産鑑定士・宅地建物取引主任者
56 幼稚園教諭
57 ツアーコンダクター
58 薬剤師
59 インテリアコーディネーター
60 スポーツインストラクター
61 社会福祉士・精神保健福祉士
62 中小企業診断士
63 社会保険労務士
64 旅行業務取扱管理者
65 地方公務員
66 特別支援学校教諭
67 理学療法士
68 獣医師
69 インダストリアルデザイナー
70 グリーンコーディネーター
71 映像技術者
72 棋士
73 自然保護レンジャー
74 力士
75 宗教家
76 CGクリエータ
77 サイエンティスト
78 イベントプロデューサー
79 パン屋さん
80 翻訳家
81 臨床心理士
82 モデル
83 国際公務員
84 日本語教師
85 落語家
86 歯科医師
87 ホテルマン
88 消防官
89 中学校・高校教師
90 動物看護師
91 ドッグトレーナー・犬の訓練士
92 動物園飼育員・水族館飼育員
93 フードコーディネーター
94 シナリオライター・放送作家
95 ソムリエ・バーテンダー
96 お笑いタレント
97 作業療法士
98 通関士
99 杜氏
100 介護福祉士
101 ゲームクリエータ
102 マルチメディアクリエータ
103 ウェブクリエータ
104 花屋さん
105 保健師・養護教諭
106 税理士
107 司法書士
108 行政書士
109 宇宙飛行士
110 学芸員
111 アニメクリエータ
112 臨床検査技師
113 言語聴覚士
114 自衛官
115 ダンサー
116 ジョッキー・調教師
117 プロゴルファー
118 カフェオーナー・カフェスタッフ・バリスタ
119 イラストレーター
120 プロサッカー選手
121 海上保安官
122 競輪選手
123 建築家
124 おもちゃクリエータ
125 音響技術者
126 ロボット技術者
127 ブライダルコーディネーター
128 ミュージシャン
129 ケアマネジャー
130 検察官
131 レーシングドライバー
132 裁判官
133 プロ野球選手
134 パティシエ
135 ライター
136 トリマー
137 ネイリスト
138 社会起業家
139 絵本作家
140 銀行員
141 警備員・セキュリティスタッフ
142 観光ガイド
143 理系学術研究者
144 気象予報士・予報官
145 ビルメンテナンススタッフ
146 義肢装具士
147 助産師
148 グランドスタッフ
149 診療放射線技師
150 視能訓練士
151 バイオ技術者・研究者
152 救急救命士
153 臨床工学技士
154 講談師・浪曲師
155 AIエンジニア
156 アプリケーションエンジニア
157 土木技術者
158 化学技術者・研究者
159 航空宇宙エンジニア
学部調べ 看護学部・保健医療学部
学部調べ 理学部・理工学部
学部調べ 社会学部・観光学部
学部調べ 文学部
学部調べ 工学部
学部調べ 法学部
学部調べ 教育学部
学部調べ 医学部
学部調べ 経営学部・商学部
学部調べ 獣医学部
学部調べ 栄養学部
学部調べ 外国語学部
学部調べ 環境学部
学部調べ 教養学部
学部調べ 薬学部
学部調べ 国際学部
学部調べ 経済学部
学部調べ 農学部
学部調べ 社会福祉学部
学部調べ 歯学部
学部調べ 人間科学部
学部調べ 生活科学部・家政学部
学部調べ 芸術学部
学部調べ 情報学部

※一部品切・改訂中です。 2023.01.